LOGÍSTICA E GERENCIAMENTO DA CADEIA DE SUPRIMENTOS

O GEN | Grupo Editorial Nacional – maior plataforma editorial brasileira no segmento científico, técnico e profissional – publica conteúdos nas áreas de ciências sociais aplicadas, exatas, humanas, jurídicas e da saúde, além de prover serviços direcionados à educação continuada e à preparação para concursos.

As editoras que integram o GEN, das mais respeitadas no mercado editorial, construíram catálogos inigualáveis, com obras decisivas para a formação acadêmica e o aperfeiçoamento de várias gerações de profissionais e estudantes, tendo se tornado sinônimo de qualidade e seriedade.

A missão do GEN e dos núcleos de conteúdo que o compõem é prover a melhor informação científica e distribuí-la de maneira flexível e conveniente, a preços justos, gerando benefícios e servindo a autores, docentes, livreiros, funcionários, colaboradores e acionistas.

Nosso comportamento ético incondicional e nossa responsabilidade social e ambiental são reforçados pela natureza educacional de nossa atividade e dão sustentabilidade ao crescimento contínuo e à rentabilidade do grupo.

HAMILTON POZO

LOGÍSTICA E GERENCIAMENTO DA CADEIA DE SUPRIMENTOS

Uma introdução

2ª edição

Acesso exclusivo a vídeos do autor

gen | atlas

O autor e a editora empenharam-se para citar adequadamente e dar o devido crédito a todos os detentores dos direitos autorais de qualquer material utilizado neste livro, dispondo-se a possíveis acertos caso, inadvertidamente, a identificação de algum deles tenha sido omitida.

Não é responsabilidade da editora nem do autor a ocorrência de eventuais perdas ou danos a pessoas ou bens que tenham origem no uso desta publicação.

Apesar dos melhores esforços do autor, do editor e dos revisores, é inevitável que surjam erros no texto. Assim, são bem-vindas as comunicações de usuários sobre correções ou sugestões referentes ao conteúdo ou ao nível pedagógico que auxiliem o aprimoramento de edições futuras. Os comentários dos leitores podem ser encaminhados à **Editora Atlas Ltda.** pelo e-mail faleconosco@grupogen.com.br.

Direitos exclusivos para a língua portuguesa
Copyright © 2019 by
Editora Atlas Ltda.
Uma editora integrante do GEN | Grupo Editorial Nacional

Reservados todos os direitos. É proibida a duplicação ou reprodução deste volume, no todo ou em parte, sob quaisquer formas ou por quaisquer meios (eletrônico, mecânico, gravação, fotocópia, distribuição na internet ou outros), sem permissão expressa da editora.

Rua Conselheiro Nébias, 1384
Campos Elísios, São Paulo, SP – CEP 01203-904
Tels.: 21-3543-0770/11-5080-0770
faleconosco@grupogen.com.br
www.grupogen.com.br

Designer de capa: Rejane Megale
Imagem de capa: Zhao Jiankang | 123RF
Editoração eletrônica: Set-up Time Artes Gráficas

CIP-BRASIL. CATALOGAÇÃO NA PUBLICAÇÃO
SINDICATO NACIONAL DOS EDITORES DE LIVROS, RJ

P897L
2. ed.
Pozo, Hamilton

Logística e gerenciamento da cadeia de suprimentos: uma introdução / Hamilton Pozo. - 2. ed. - São Paulo: Atlas, 2019.
ISBN: 978-85-97-02228-5

1. Logística empresarial. I. Título.

19-59034	CDD: 658.78
	CDU: 658.78

Vanessa Mafra Xavier Salgado - Bibliotecária - CRB-7/6644

SOBRE O AUTOR

Hamilton Pozo é engenheiro mecânico pela UBC, pós-doutor em Administração pela FEA/USP, PhD em Administração pela University of California (USA), MBA pelo Alexander Hamilton Institute (USA), MBA em Planejamento Empresarial pela Universidade São Judas Tadeu e em Planejamento Estratégico pela FEM/UNICAMP, e pós-graduado em Administração pelo IMT. Tem larga experiência profissional e acadêmica, tanto no Brasil como no exterior, ocupando cargos de Direção (Operações, Planejamento Estratégico e RH), Gerência, Coordenação e Técnica em empresas transnacionais, multinacionais e nacionais. Trabalhou nos Estados Unidos, Canadá, Austrália, Espanha e Alemanha. É consultor empresarial, professor universitário e pesquisador. Autor dos livros *Hospitality industries management: hospitality revenues in Brazil*, publicado pela Lambert Academic Publishing, *Administração de recursos materiais e patrimoniais: uma abordagem logística* e *Gestão de materiais e logística em turismo: enfoque voltado para as micro, pequenas e médias empresas*, publicados pelo GEN | Atlas.

APRESENTAÇÃO

O objetivo deste livro não é o de cobrir todo o campo da teoria de Logística e da Gestão, a Cadeia de Suprimentos, voltada para os negócios, como é comumente chamado. Ao contrário, seu objetivo é modesto: fornecer aos estudantes e profissionais de Logística e Negócios uma visão introdutória desta importante área de ação para o tecnólogo e, ao mesmo tempo, uma visão globalizada de sua inferência nos resultados das empresas.

Esta obra busca mostrar os fluxos de bens e serviços para qualquer tipo de organização, orientada ou não para o lucro, porém, em específico, às empresas voltadas para a produção de bens e serviços. Como a área de Logística é um dos setores mais vitais da organização e absorve uma parcela substancial de seu orçamento, é imperioso dar ao estudante da disciplina uma visão geral de sua abrangência e atuação. Sabemos que na preparação de qualquer livro com intuito introdutório deve-se conter o impulso de apresentar todos os aspectos que envolvem a disciplina, para não o tornar um trabalho muito extenso e complexo que poderá levar a não atender ao objetivo almejado.

O texto foi elaborado para levar ao estudante, de forma gradual, os assuntos aqui desenvolvidos. Busca apresentar ao profissional ou ao estudante uma visão global da Gestão Logística e da Cadeia de Suprimentos, dentro do ambiente organizacional de produção de bens e serviços, a fim de aprimorar o processo de conduzir o produto final à disposição dos clientes em seu tempo, forma, local e especificações desejadas. A ênfase é, principalmente, direcionada para as organizações voltadas ao processo operacional, visto que a maior parte das pesquisas e dos exemplos foi desenvolvida nessa área.

Nesse aspecto, damos ênfase ao tratamento dos princípios da Administração em sua totalidade, e adotou-se um critério que pudesse facilitar o estudo da disciplina, principalmente para o curso de Tecnologia, determinando os tópicos específicos a serem desenvolvidos.

A orientação deste livro é apresentada em capítulos que podem oferecer perspectiva, discernimento, compreensão e desenvolvimento das habilidades necessárias à gestão por excelência. No Capítulo 1, é desenvolvida uma visão geral e introdutória da área de logística, sua essência e sua missão, bem como sua estrutura mais adequada ao momento atual. No Capítulo 2, falamos sobre a logística reversa e suas implicações nos negócios atuais. No Capítulo 3, apresentamos e desenvolvemos toda a sistemática de administrar e controlar os estoques, ou seja, a gestão de materiais, bem como seu envolvimento e influência com o ambiente interno e externo. No Capítulo 4, são tratados os assuntos relacionados com os transportes e seus modais, mostrando o fator qualidade nos serviços e valor dados ao cliente a partir de sua eficiência e importância para o sistema. No Capítulo 5, tratamos das atividades de suprimentos, discutindo a grande importância do setor de compras e os benefícios que se traduzem em enormes reduções de custo para as organizações. O Capítulo 6 é dedicado ao gerenciamento da cadeia de suprimentos, seu modelo e importância na gestão dos negócios empresariais, bem como seu impacto nos resultados. E, finalmente, o Capítulo 7 é dedicado aos custos logísticos e suas influências.

Hamilton Pozo, PhD

PREFÁCIO

Este livro apresenta aspectos importantes sobre a gestão da Logística e da Cadeia de Suprimentos. Não por coincidência, mas este é exatamente o nome do livro do Professor Hamilton Pozo, PhD em Logística, Operações e Estratégias, que o dedica aos Cursos de Administração, Logística, Engenharia e Negócios. Trata-se de um livro que aborda, em sete capítulos, os principais conceitos relacionados com a gestão da Logística e da Cadeia de Suprimentos, com enfoque voltado para uma introdução no que tange aos aspectos da gestão logística, administração de estoques, armazenagem, suprimentos, distribuição, transporte, custos e logística reversa e a cadeia de suprimentos.

Levando em conta o papel crucial que tem a linguagem em todas as atividades e facetas de nossa vida, não é difícil imaginar o impacto das informações para o gestor logístico nas atividades com as quais lida-se cotidianamente e que nos dão identidade pessoal e reconhecimento sobre o tema. Embora o setor de negócios esteja vivenciando cada vez mais sua importância na economia de nosso país e assumindo grande destaque no processo de geração de empregos e riquezas, sentíamos falta de um livro que pudesse nos orientar e fornecer informações adequadas aos novos profissionais tecnólogos da área e os já em atividade.

Desse modo, o presente livro resulta de uma vontade coletiva dos profissionais por informações específicas que orientem na busca de soluções e respostas para os grandes envolvimentos da Logística e do Gerenciamento da Cadeia de Suprimentos. Esta obra procura atuar justamente no campo da informação e do estímulo à interpretação e à inserção da solução dos problemas existentes. Além disso – precisamente por não ser um manual de instruções –, ele pretende compartilhar com o leitor e a leitora a experiência e os conceitos que facilitem sua interpretação e suas ações no dia a dia.

O objetivo do livro é, pois, esclarecer a comunidade em geral, os gestores da área e, principalmente, os administradores, contabilistas, engenheiros e tecnólogos, fornecendo elementos sobre o modo de enfrentar as dificuldades e problemas do setor, sobre suas causas, características e necessidades de ações. No limite, acreditamos que a divulgação de informações gerais, bem como a reflexão sobre questões-chave, pode ajudar a estabelecer, de forma incisiva, um quadro de maior compreensão e domínio dos aspectos desse universo tão importante para o sucesso, ainda maior do que o dos negócios que são amparados pela Logística em nosso país. Dados esses objetivos, pode-se dizer que este livro se destina não apenas às pessoas ligadas diretamente à gestão da Logística e da Cadeia de Suprimentos, como também a todos os interessados no tema, leigos ou não, destacando-se aqui a comunidade acadêmica e os profissionais de todas as áreas.

O livro que nos oferece o Professor Pozo compreende um grande esforço por adaptar os conceitos e métodos da Logística e do Gerenciamento da Cadeia de Suprimentos direcionados a um entendimento rápido e fácil para os tecnólogos. É, em uma medida correta e original, o fruto de seu trabalho pessoal durante os últimos anos fundamentado em seus estudos, pesquisas, em suas aulas e seminários. Um trabalho muito útil para o setor de negócios em uma linguagem de fácil assimilação pelos acadêmicos e pela classe empresarial.

Este livro é, sem dúvida alguma, um novo referencial excepcional e uma importante contribuição do autor para a difusão dos conceitos e técnicas logísticas aplicadas ao setor empresarial. Suas reflexões e exposições dos conceitos-chave concernentes à Logística irão ajudar a todos os envolvidos, direta e indiretamente, no tema para uma melhor compreensão da fenomenologia empresarial voltada para o sucesso.

Portanto, é uma leitura recomendada e obrigatória para o mundo empresarial e acadêmico do setor empresarial e aos demais interessados em Logística e Gerenciamento da Cadeia de Suprimentos.

Prof. Dr. Takeshy Tachizawa

Autor acadêmico e consultor em desenvolvimento organizacional e responsabilidade social

RECURSOS DIDÁTICOS

Os recursos didáticos complementam o conteúdo do livro, facilitando o aprendizado. Este livro conta com o seguinte recurso: vídeos do autor.

No início de cada capítulo, há um ícone indicando vídeo disponível:

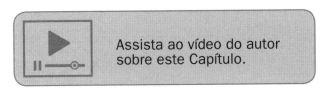

Assista ao vídeo do autor sobre este Capítulo.

O acesso aos vídeos é gratuito para quem adquirir a obra mediante o código de acesso que acompanha o livro. Basta que o leitor siga as instruções apresentadas na orelha da obra.

Material
Suplementar

Este livro conta com os seguintes materiais suplementares:
- *Slides* – restrito a docentes;
- *Respostas das questões* – restrito a docentes.

O acesso aos materiais suplementares é gratuito. Basta que o leitor se cadastre em nosso *site* (www.grupogen.com.br), faça seu *login* e clique em GEN-IO, no menu superior do lado direito.

É rápido e fácil. Caso haja dificuldade de acesso, entre em contato conosco (gendigital@grupogen.com.br).

GEN-IO (GEN | Informação Online) é o ambiente virtual de aprendizagem do GEN | Grupo Editorial Nacional, maior conglomerado brasileiro de editoras do ramo científico-técnico-profissional, composto por Guanabara Koogan, Santos, Roca, AC Farmacêutica, Forense, Método, Atlas, LTC, E.P.U. e Forense Universitária. Os materiais suplementares ficam disponíveis para acesso durante a vigência das edições atuais dos livros a que eles correspondem.

SUMÁRIO

1. **Introdução à Logística, 1**
   - 1.1 A ação logística, 2
   - 1.2 O papel da logística, 4
   - 1.3 O desenvolvimento da logística, 6
   - 1.4 A logística na atividade empresarial, 6
   - 1.5 Logística como vantagem competitiva, 12
   - 1.6 Logística integrada, 12
   - *Estudo de Caso* — Logística total ajuda a gigante Sportswear a encontrar a fórmula ideal, 17
   - Questões para revisão, 19

2. **Logística Reversa, 21**
   - 2.1 Processos e fluxos logísticos reversos, 27
   - 2.2 Embalagens retornáveis ou recicláveis, 28
   - 2.3 Canais de distribuição reversos pós-consumo e pós-venda, 30
   - 2.4 Logística reversa na Política Nacional de Resíduos Sólidos, 32
   - *Estudo de Caso* — O RTL da Philips baseado na *Web* reduz custos, 35
   - Questões para revisão, 36

3 Gestão de Materiais, 37
    3.1   Funções do estoque, 37
    3.2   Políticas de estoques, 39
    3.3   Sistema de armazenagem, 40
    3.4   Tipos de materiais, 41
    3.5   Previsões de estoques (demanda), 42
        3.5.1   Método da Média Aritmética (MMA), 44
        3.5.2   Método da Média Ponderada (MMP), 45
        3.5.3   Método da Média com Suavização Exponencial (MMSE), 46
        3.5.4   Método da Média dos Mínimos Quadrados (MMMQ), 47
    3.6   Estoque de segurança, 49
        3.6.1   Método com Grau de Atendimento Definido (MGAD), 50
    3.7   Avaliação dos níveis de estoques, 53
    3.8   Custo de estoque e de armazenagem, 56
        3.8.1   Custo de estoque, 56
        3.8.2   Custo de armazenagem, 57
    3.9   Curva ABC, 60
    3.10   Giros de estoques, 65
    3.11   Estocar material inteligentemente, 68
    3.12   Criando um centro de distribuição, 69
    Estudo de Caso — Melhoria de controle, espaço e movimentação em armazenagem na XPTO, 71
    Questões para revisão, 73

4 Transporte e Modais, 75
    4.1   Funções do transporte, 77
    4.2   Modais de transporte, 78
        4.2.1   Os modais, 80
    4.3   Integração entre os modais, 82
    4.4   Distribuição, 85
    4.5   Roteirização, 86
        4.5.1   O que é roteirização de transporte?, 87
    4.6   Modelagem, 88
    4.7   Carga de dados, 91
    Estudo de Caso — Distribuição e otimização de um conglomerado farmacêutico XZMO, 94
    Questões para revisão, 95

5 Gerenciamento da Cadeia de Suprimentos, 97
    5.1   Reposição eficiente e *supply chain*, 100
    5.2   Gestão da cadeia de suprimentos, 101
    5.3   Barreiras de implementação, 103

Sumário | **XV**

        5.3.1   Barreiras de incentivos, 103

        5.3.2   Barreiras de processamento de informações, 104

        5.3.3   Barreiras operacionais, 104

        5.3.4   Barreiras de preço, 104

        5.3.5   Barreiras comportamentais, 105

5.4   Integração da infraestrutura com clientes e fornecedores, 106

5.5   *Customer Relationship Management* (CRM), 106

5.6   Resposta Eficiente ao Consumidor (ECR), 109

        5.6.1   Foco da atuação do ECR, 110

5.7   *Electronic Data Interchange* (EDI), 113

5.8   *Database Management* (DM) – gerenciamento de banco de dados, 114

5.9   Localização de um Centro de Distribuição (CD), 114

5.10   Escolha matemática da localização de CD, 116

Estudo de Caso — Consolidação da cadeia de suprimentos na Nestlé, 122

Questões para revisão, 125

6   Suprimentos, 127

6.1   As formas de trabalho da logística de aquisição, 127

6.2   Os contratos e gestão de fornecedores, 129

6.3   Compras e sua função, 130

6.4   Objetivos de compras, 131

6.5   Atividades de compras, 132

6.6   Estrutura organizacional de compras, 133

Estudo de Caso — Gerenciamento do relacionamento com fornecedores em uma empresa farmacêutica, 139

Questões para revisão, 140

7   Custos Logísticos, 141

7.1   Método dos centros de custos, 144

7.2   Método de custo-padrão, 144

7.3   Custo ABC, 146

7.4   Custos logísticos no Brasil, 148

Estudo de Caso — Como reduzir custos da cadeia de suprimentos sem comprometer a qualidade, 150

Questões para revisão, 151

Referências, 153

Índice Remissivo, 157

Capítulo 1

INTRODUÇÃO À LOGÍSTICA

Assista ao vídeo do autor sobre este Capítulo.

A logística empresarial trata de todas as atividades de movimentação e armazenagem que facilitam o fluxo de produtos desde o ponto de aquisição da matéria-prima até o ponto de consumo final, assim como dos fluxos de informação que colocam os produtos em movimento, com o propósito de providenciar níveis de serviço adequados aos clientes a um custo razoável (POZO, 2014).

A abordagem logística tem como função estudar a maneira como a administração pode otimizar os recursos de suprimento, estoques e distribuição dos produtos e serviços com que a organização se apresenta ao mercado por meio de planejamento, organização e controle efetivo de suas atividades correlatas, flexibilizando os fluxos dos produtos. A logística é vital para o sucesso de uma organização. Ela é uma nova visão empresarial que direciona o desempenho das empresas, tendo como meta reduzir o *lead time* entre o pedido, a produção e a demanda, de modo que o cliente receba seus bens ou serviços no momento que desejar, com suas especificações predefinidas, o local especificado e, principalmente, principalmente, o preço desejado.

O reconhecimento de um conceito bem definido de logística empresarial nos ajuda a implementar melhoramentos na estrutura organizacional, dinamizando os fluxos de informações e de produtos e serviços. A organização que busca o grau de eficiência e sua eficácia, dentro do mercado **globalizado**, necessita estar atenta às constantes e vertiginosas mudanças que ocorrem no ambiente, em virtude dos avanços tecnológicos, das alterações

GLOBALIZAÇÃO

Aumento das incertezas econômicas; proliferação de produtos; menores ciclos de vida de produtos e maiores exigências nos serviços, alta produtividade, custos e informações.

O processo logístico tem evoluído muito nos últimos anos, principalmente em nosso país, fator relevante e facilmente compreensível quando fazemos uma retrospectiva na avaliação dos fatores que têm levado as empresas a concentrarem esforços na melhoria do seu sistema de gerenciamento da cadeia de suprimentos e no fortalecimento do relacionamento com clientes e fornecedores. Podemos enumerar algumas das principais mudanças econômicas que têm afetado a logística nesse período.

Essa nova e moderna visão logística preocupa-se em agrupar sob uma mesma gerência as atividades relacionadas com o fluxo de informações e dos produtos e serviços para uma administração integrada e dinâmica destes recursos vitais da organização, que são a administração dos pedidos de vendas, o sistema de suprimento de materiais, o controle dos estoques de matéria-prima, materiais auxiliares e de manutenção, as peças em processo e o estoque acabado, o sistema de planejamento e controle da produção e, finalmente, o sistema de movimentação e distribuição dos produtos e serviços. Ballou (2006) conceitua a Logística como:

> A logística empresarial estuda como a Administração pode prover melhor nível de rentabilidade no processo de pleno atendimento do mercado e satisfação completa ao cliente, com retorno garantido ao empreendedor, através de planejamento, organização e controles efetivos para as atividades de armazenagem, programas de produção e entregas de produtos e serviços com fluxos facilitadores do sistema organizacional e mercadológico.

1.1 A AÇÃO LOGÍSTICA

A primordial competência da logística é alcançada a partir da ação coordenada de: (i) redes de fornecedores; (ii) sistema de informação; (iii) transporte; (iv) armazenagem; (v) planejamento; e (vi) movimentação de materiais e embalagem. A excelência da logística está diretamente relacionada com a perfeita integração entre essas áreas funcionais, estabelecendo, assim, as competências logísticas exigidas pelo mercado.

A logística, embora seja uma das atividades econômicas mais antigas, é também um dos conceitos gerenciais mais modernos, em face das mudanças de ordem econômica que temos presenciado nos últimos tempos. Quando analisamos e discutimos os elementos da logística, duas qualificações são importantes:

A PRIMEIRA QUALIFICAÇÃO

Todas as empresas necessitam da cooperação e do apoio de outras empresas para a consumação de seu processo logístico integrado e global. Essa ação integrada deve unir as organizações em termos de metas, políticas e programas comuns. Do ponto de vista da cadeia de suprimentos total, a eficiência é otimizada com a eliminação das duplicações e desperdícios de movimentos e tempo com um planejamento organizacional em comum e administração integrada da logística.

A SEGUNDA QUALIFICAÇÃO

Existem empresas de serviço que executam a ação logística para seus clientes como simples executores do transporte ou armazenamento de produtos. Essas empresas, especialistas em suprir as necessidades de seus clientes, necessitam de uma visão da logística integrada e de uma equipe comprometida para a excelência de seus serviços.

Na economia globalizada, busca-se interpretar as relações da cadeia de suprimentos internacional para entender os sistemas modais disponíveis de modo a melhor utilizar os sistemas de movimentação de materiais e produtos como um diferencial de custo e, assim, proporcionar plena satisfação do cliente. Porém, não se deve esquecer de que a capacidade logística poderá ter inferência no que concerne ao tamanho, à situação geográfica, aos volumes, às instalações e às operações que envolvem todo o processo logístico. A gestão do complexo da cadeia logística é o primeiro e importante elemento para o sucesso em prover produtos e serviços ao consumidor.

Ao estabelecer uma cadeia logística com os elementos de quantidades, local e estrutura de instalações que serão necessárias para a adequada utilização da ação logística, essa rede estrutural da cadeia logística deve estar em conformidade com as instalações existentes e planejar como executar a ação logística. Uma estrutura flexível da logística deve ser estruturada para atender às constantes mudanças de mercado, levando em conta o envolvimento de uma grande variedade de produtos, de clientes, de fornecedores, assim como as fortes demandas e exigências das operações industriais, que também são flexíveis em termos da globalização e do ambiente competitivo. Também é relevante o adequado dimensionamento da cadeia logística, com uma ação superior provendo perfeita atividade primária para a consolidação da vantagem competitiva.

A feroz concorrência no mercado de hoje tem forçado as empresas a investir e a se concentrar em cadeias de suprimentos, cujo crescimento foi incentivado pelo desenvolvimento substancial das tecnologias de telecomunicações e de transporte. A cadeia de suprimentos, também conhecida como rede de logística, é composta por fornecedores, centros de produção, armazéns, centros de distribuição e lojas de varejo, bem como matérias-primas, estoque em processo e produtos acabados que fluem entre as instalações.

A gestão logística leva em consideração todas as facilidades que têm um impacto sobre o custo. Ela desempenha um papel importante na produção do produto em conformidade com os requisitos do cliente. Também envolve a integração eficiente de fornecedores, fabricantes, armazéns e lojas, e abrange as atividades das empresas em diversos campos de ação, desde o nível estratégico, por meio da tática, até o operacional.

Logística é uma atividade desafiadora e importante porque serve como uma função de integração. Ela liga fornecedores com os clientes e integra entidades funcionais em uma empresa. Com a crescente concorrência no mercado atual, a empresa deve usar seus recursos para se concentrar em oportunidades estratégicas. Isso inclui vários fatores internos, como estilo de gestão, cultura, recursos humanos, instalações, e diversos fatores externos, como a tecnologia, a globalização e a concorrência. Este é o lugar onde o conceito de logística desempenha um papel importante, ou seja, ele ajuda a alavancar certas vantagens que a empresa tem no mercado.

1.2 O PAPEL DA LOGÍSTICA

Deixe-nos agora dar uma olhada em como funciona a logística. É importante reconhecer a importância de um equilíbrio dinâmico entre os mínimos detalhes e os principais elementos envolvidos em um produto. O papel da logística é manter esse equilíbrio. Uma vez que a empresa percebe a importância da logística, ela deve usá-la de forma plena e eficiente. O primeiro passo é gerar um valor comprador para o cliente e um valor estratégico para a empresa.

O cliente é o ativo mais importante de uma empresa. Ele dirige toda a cadeia de fornecimento, incluindo fabricação, comercialização e logística. Por isso, é importante para a organização ter uma compreensão clara das demandas dos clientes, de modo a manter suas expectativas. Quando uma empresa sabe exatamente o que seus clientes desejam, tem como dispositivo uma estratégia sobre como utilizar a logística para alcançá-los. Isso significa que a empresa deve ter uma compreensão clara ou avaliação da sua direção estratégica.

Agora vamos abordar as várias etapas envolvidas em um processo de desenvolvimento de estratégia de logística. Inicia-se com a **Visão**, que inclui o desenvolvimento sistemático de um consenso organizacional sobre os principais insumos para apoiar o processo logístico, bem como a identificação dos potenciais: abordagens logísticas e alternativas de planejamento. Essa ação é um fator importante pelas seguintes razões:

- ajuda a definir uma direção estratégica para a empresa e, também, obter uma compreensão clara do papel da logística na organização;
- contribui para se ter uma ideia das reais necessidades dos diversos segmentos de clientes;
- auxilia a ter um olhar mais abrangente acerca dos vários fatores que afetam a estratégia da empresa.

A definição de alternativas e ações para a vantagem competitiva também faz parte do escopo para o direcionamento de um plano diferenciado envolvendo a análise estratégica, o planejamento e a gestão de mudanças corporativa, de acordo com o Quadro 1.1.

Quadro 1.1 Alternativas e ações para a vantagem competitiva

Elemento	Descrição
Análise estratégica	Trata-se de analisar os vários componentes envolvidos no processo e selecionar o melhor processo de logística entre as alternativas. Esses componentes, que devem ser revistos, são revelados durante o primeiro passo. Isso pode incluir a renovação de todo o processo de avaliação de como um único componente pode ser usado de forma mais eficaz.
Planejamento	Envolve a montagem de um plano que define a missão e os objetivos para a função logística e os programas e atividades para alcançar esses objetivos. Planejamento de logística é um processo iterativo. Os planos têm de ser redefinidos a cada ano para melhorar a qualidade do desempenho.
Gestão da mudança	Trata-se de exercer uma gestão eficaz para implementar formas avançadas de condução de negócios. A gestão deve manter e mudar os planos, de acordo com a variação do mercado e, também, treinar a organização a adotar efetivamente essa mudança.

Há vários fatores que afetam a logística. Essas questões devem ser antecipadas, preparadas e aproveitadas para uma empresa ser bem-sucedida no mercado de hoje, conforme o Quadro 1.2.

Quadro 1.2 Fatores internos e externos que afetam a logística

Fatores internos	Fatores externos
Globalização	Atendimento ao cliente
Tecnologia	Qualidade do serviço
Complexidade organizacional	Diversidade da cadeia de suprimentos
Cultura organizacional	Fatores econômicos
Desafios inovadores	Fatores ambientais

Para mitigar e resolver os problemas apresentados no Quadro 1.1, alguns dos passos que devem ser seguidos para harmonizar o processo logístico e ter ganho de competitividade são mostrados no Quadro 1.3.

Quadro 1.3 Passos para harmonizar o processo logístico

Desempenho	Estrutura	Tecnologia
Melhor serviço ao cliente	Melhor relacionamento com clientes	TI pleno com clientes
Maior produtividade	Melhor relacionamento com fornecedores	TI com fornecedores
Resposta ao mercado	Melhor relacionamento interno	*Softwares* integradores
Flexibilidade	Melhor preparo do capital humano	Informações visuais

A ação logística deve dirigir os esforços para a adequada previsão no direcionamento e otimização do inventário para satisfazer exigências e demandas dos clientes com menor custo e maior eficiência.

1.3 O DESENVOLVIMENTO DA LOGÍSTICA

Apesar de sua importância, a logística ainda não tem sido considerada uma atividade estratégica. Muitas organizações se esforçam para produzir produtos, mas não pensam em como fazer o movimento associado entre materiais e produtos. Embora as empresas, em geral, reconheçam que o transporte e o armazenamento são necessários, às vezes eles são considerados apenas como um elemento técnico da organização, sem lhes ser conferida a devida responsabilidade a seus custos e suas implicações junto ao mercado. Na década de 1960, Peter Drucker já descrevia a logística como **o elemento crítico da economia**, na época, negligenciado pelas empresas. Desde então, há uma busca incessante para alterar o *status quo*. Para muitos autores, a razão para tal mudança se deve ao reconhecimento de que a logística impactava fortemente os custos. Nas décadas de 1960 a 1980, os custos de armazenagem representavam 20% da receita das empresas.

A evolução da ação logística está dividida em cinco etapas principais, segundo estudos realizados por universidades norte-americanas. Essas cinco etapas da ação logística, percebidas como um conjunto de teorias e conceitos que servem de base para o estudo, pesquisa e desenvolvimento do setor, nos mostram os avanços e o aprofundamento da logística nos últimos anos.

A primeira etapa teve início no final do século XIX; é conhecida como a era da economia agrícola, pois a principal preocupação do elemento logístico era com o transporte da produção do campo. A segunda etapa é marcada por grande influência militar, em que a principal preocupação era o abastecimento e o deslocamento das tropas nos campos de batalha. A terceira etapa marca o início de uma nova visão e interpretação logística, quando a ênfase passa para o estudo e a exploração do sistema logístico integrado, com ênfase nos aspectos de custo total e na abordagem de sistemas. A quarta etapa tem como foco principal as questões ligadas à produtividade e aos custos de estoque e armazenagem. A quinta e última etapa do desenvolvimento do elemento logístico tem como influência a globalização e o avanço tecnológico, sendo identificada como a última fronteira empresarial para a exploração das vantagens competitivas.

Esta visão e entendimento moderno de logística configura-se como uma nova disciplina, agrupando as atividades essenciais de controle dos pedidos de vendas, materiais, planejamento do processo produtivo, suprimentos, distribuição e informação para otimizar os recursos materiais e humanos da organização. Essa nova dinâmica do conceito logístico, ação integradora, reduz drasticamente os conflitos e desperdícios decorrentes dos interesses departamentais do antigo paradigma.

1.4 A LOGÍSTICA NA ATIVIDADE EMPRESARIAL

Até os anos 1950, os mercados, bastante restritos e locais, estavam em estado de tranquilidade, e o nível de serviço e a plena satisfação ao cliente não existiam. Uma filosofia dominante para guiar as organizações e traduzi-las em fator de vantagem competitiva também não existia. As empresas fragmentavam a administração de atividades-chave do pleno nível de serviço. Ou seja, frequentemente, a distribuição era subordinada ao marketing e ao planejamento e controle da produção, sob o comando da área industrial; os estoques ficavam sob a responsabilidade da área administrativa; o processamento de pedidos era controlado por vendas; e o setor de compras sob o comando de finanças.

Isso resultava em um enorme conflito de objetivos e de responsabilidades para as atividades logísticas, acarretando um fraco atendimento ao cliente, sendo, portanto, um fator negativo no processo de entrega de valor ao cliente e de ganho de vantagem competitiva. Na Figura 1.1, temos uma amostra da estrutura de atendimento da época e de algumas empresas contemporâneas.

Figura 1.1 Responsabilidades e objetivos conflitantes em atividades logísticas nas organizações tradicionais.

Entretanto, alguns estudiosos da atividade associada com logística já identificavam a natureza da distribuição física diretamente relacionada com o processo de suprimentos e produção para o bom atendimento do mercado. A atividade logística militar na Segunda Guerra Mundial foi o ponto de partida para muitos dos conceitos logísticos utilizados atualmente. **Logística: denominação** dada pelos **gregos** à **arte de calcular**. Essa definição serviu de parâmetro para os militares norte-americanos utilizarem como forma de designar a arte de transporte e distribuição e suprimento das tropas em operações.

As forças armadas dos Estados Unidos foram as primeiras a utilizar esse conceito de logística, na Segunda Guerra Mundial, e com muito sucesso. Esse sucesso militar do uso logístico, inicialmente, influenciou somente as atividades logísticas governamentais, no início dos anos 1950.

Olhando em retrospectiva, nem o ambiente econômico, nem o conceito de negócios e nem os mercados estavam em condições de perceber as grandes necessidades do cliente, não havendo, portanto, um clima que estimulasse uma mudança de atitude. A área de administração de marketing estava crescendo em importância, assim como a administração estava mudando seu foco da produção para uma orientação para marketing (cliente). Essa foi uma mudança natural, pois a economia norte-americana no geral passou de escassez da capacidade industrial para uma situação de capacidade adequada e competição crescente. Após a Segunda Guerra Mundial, a economia estadunidense experimentou rápido crescimento, em razão, parcialmente, da demanda reprimida dos anos de depressão e da posição dominante de sua indústria no mercado mundial. O clima era vender e produzir. Na época, os lucros altos e a ineficiência nos estoques elevados e na distribuição de produtos podiam ser tolerados.

A logística utilizada pelos militares nas décadas de 1940 e 1950 incluía atividades de compras e aquisições, armazenagem, especificações e codificações, transportes e distribuição, planejamento e administração global. Em meados da década de 1950, as ideias e metodologias logísticas passaram a fazer parte de estudos acadêmicos, e as universidades começaram a oferecer cursos nessa área; muitos livros-texto foram editados e as empresas começaram a pôr em prática essas novas abordagens e filosofias.

Essa grande mudança se iniciou a partir de meados da década de 1950, quando saímos do sistema de forte produção de bens envolvendo ações sobre preço e qualidade. Seguiu, posteriormente, uma expansão significativa dos serviços e da valorização das marcas, quando a logística se tornou elemento de destaque. Ao adentrar neste novo século, os grandes diferenciais estão no **valor agregado** proporcionado pelo processo, na importante força do relacionamento e da informação entre os parceiros da **cadeia de fornecimento** e, mais ainda, na **responsabilidade social** das organizações.

Ballou (1995), em *Basic business logistic management*, apresenta-nos uma excelente descrição dos eventos importantes que nos fazem ver como as condições econômicas e tecnológicas eram tais que também encorajaram o desenvolvimento dessa disciplina. Este autor ressalta três condições-chave: (i) alterações nos padrões e atitudes da demanda dos consumidores; (ii) pressão por custos nas indústrias; e (iii) avanços na tecnologia de computadores.

Nos anos 1960, o fator diferencial da visão logística era a função transporte. Já nos anos 1970 e 1980, a grande questão foi a gestão das funções transporte e estoque, sendo as palavras de ordem a produtividade e a informática. Entra-se nos anos 1990 com um novo e grande desafio, a integração interna e, com ela, a terceirização, a comunicação e a tecnologia de informação, com o aprimoramento e pleno uso do *Material Resources Planning* (MRP), *Manufacturing Resources Planning* (MRP II), *Enterprise Resource Planning* (ERP), *Just-In-Time* (JIT), *Supply Chain Management* (SCM), *Electronic Data Interchange* (EDI), entre outros. Esses termos, ferramentas e filosofias tratam do mesmo objeto, porém, sob enfoques diferentes.

Nos anos 1990, começam as primeiras tentativas de coordenação externa dos parceiros e, com elas, a reestruturação organizacional, os custos baseados em atividades, o gerenciamento de riscos, a busca da alavancagem de recursos e a globalização das operações. Então, a logística é voltada para questões mais táticas e internas e, com o surgimento das ideias do Gerenciamento da Cadeia de Suprimentos (SCM), passa a atuar com questões estratégicas da cadeia produtiva.

Hoje, a logística é considerada perfeita quando há integração da administração de materiais em sua totalidade e distribuição física dos produtos e serviços com a plena satisfação do cliente e dos acionistas. A visão atual é de redes cooperativas com elo de forte competitividade das cadeias produtivas do binômio Logística e SCM, o gerenciamento da cadeia de suprimentos formando as atividades de suprimento de insumos, de distribuição de produtos acabados e alguns fluxos reversos relacionados com os processos produtivos em geral, que vêm sendo tratados de forma cada vez mais ampla.

EXEMPLO 1.1

A empresa distribuidora JP administra um negócio de higiene pessoal no atacado, na cidade de Ribeirão Preto, São Paulo. O resultado atual da empresa em termos financeiros proporciona um lucro bruto de 12% sobre as vendas. A *HPR Consulting* foi contratada para uma consultoria na empresa e seu relatório mostrou que 27% dos custos operacionais da JP estavam associados à logística. A pergunta é: se a eficiência logística for melhorada e reduzir esse custo em 12%, quanto lucro extra isso geraria? Se eles não melhorarem a logística, quanto as vendas terão que subir para obter o mesmo aumento no lucro?

A logística é responsável pelo fluxo de materiais ao longo da cadeia de suprimentos. Esta função também é chamada de gerenciamento da cadeia de suprimentos. A logística em si é um pouco mais restrita e seu foco limita aos elementos internos da empresa, enquanto a gestão da cadeia de suprimentos adota uma visão mais ampla do movimento, abrangendo todas as empresas envolvidas no sistema que dá origem a determinado produto ou produtos. A logística, portanto, enfatiza a otimização das atividades internas, ou seja, transporte, armazenagem, suprimentos, planejamento e informações. Já o gerenciamento da cadeia de suprimentos tem como finalidade integrar todas as empresas fornecedoras e subfornecedoras e todos os clientes e subclientes, maximizando todas as logísticas dessa cadeia para o melhor atendimento do mercado. Porém, em grande parte, um argumento sobre a semântica, em vez de diferenças reais na prática.

Sem dúvida, as atribuições das duas – logística e gerenciamento da cadeia de suprimentos – são idênticas, pois ambas se encarregam do transporte, armazenagem, suprimentos, planejamento e informações. Se cada organização cuidar adequadamente de sua própria logística, os materiais se moverão eficientemente por toda a cadeia, alcançando, assim, o objetivo do gerenciamento da cadeia de suprimentos. Até certo ponto isso é verdade, no entanto, as organizações precisam de uma abordagem mais positiva de cooperação. Para encontrar o verdadeiro objetivo da logística, devemos relacioná-lo com os objetivos mais amplos da organização. Em última análise, o sucesso de toda organização depende da satisfação do cliente. Quando se consegue satisfazê-lo, provavelmente a empresa irá sobreviver no longo prazo, ter lucro, agregar valor ao produto e aos acionistas, alcançando, assim, o sucesso.

Então, podemos expressar que o objetivo primordial de logística consiste no atendimento pleno do cliente, sendo essencial para toda organização. De acordo com Christopher (1997): "A Logística sempre foi uma característica central e essencial de toda a actividade económica", com o que Shapiro e Heskett (1985) concordam: "Há poucos aspectos da atividade humana que não dependem, em última análise, do fluxo de bens do ponto de origem ao ponto de consumo". Sem a logística, nenhum material se move, nenhuma operação pode ser feita, nenhum produto pode ser fabricado e entregue e, portanto, nenhum cliente será servido.

Resposta: o lucro bruto é de 12% das vendas, portanto, se as vendas forem de R$ 100 mil, os custos operacionais serão de R$ 88 mil. Atualmente, 27% dos custos (logístico) correspondem a [27% de R$ 88,00], ou seja, $88 \times 0{,}27 = $ R$ 23,76 mil, em razão da logística. Se a JP reduzir o custo da logística em 12%, conforme sugerido, irá economizar [$23{,}76 \times 0{,}12$] = R$ 2,85 mil. Assumindo que não há alterações no preço de venda ou outros custos, esta será uma contribuição direta para o lucro. Portanto, uma redução de 12% nos custos de logística aumentará o lucro de R$ 12 mil para R$ 14,85 mil, ou seja, um aumento de 24%. Sem a redução dos custos logísticos, a empresa teria que aumentar as vendas em 24% para obter o mesmo aumento no lucro bruto.

10 Logística e Gerenciamento da Cadeia de Suprimentos • Pozo

A atividade logística deve ser vista a partir de duas grandes ações – primárias e de apoio. Atividades primárias são aquelas de importância fundamental para a obtenção dos objetivos logísticos de custo e nível de serviço que o mercado deseja, assim denominadas porque elas contribuem com a maior parcela do custo total da logística, ou são essenciais para a coordenação e o cumprimento da tarefa logística. São as seguintes:

TRANSPORTE

É uma das atividades logísticas mais importantes, simplesmente porque ela absorve, em média, de um a dois terços dos custos logísticos. É essencial, pois nenhuma organização moderna pode operar sem providenciar a movimentação de suas matérias-primas ou de seus produtos acabados para serem levados, de alguma forma, até o consumidor final. Compreende vários modelos disponíveis para movimentar matéria-prima, materiais, produtos, serviços e pessoas, e os modais utilizados são: rodoviário, ferroviário, hidroviário, dutoviário e o aeroviário.

MANUTENÇÃO DE ESTOQUES

É uma atividade voltada para atingir um grau razoável de disponibilidade do produto em face de sua demanda, agindo como amortecedor entre a oferta e a demanda. O uso de estoques, como regulador de demanda, resulta no fato de que, em média, ele passa a ser responsável por aproximadamente um a dois terços dos custos logísticos. Enquanto o transporte adiciona valor de lugar ao produto, o estoque agrega valor de tempo. A grande preocupação da administração de estoques envolve manter seus níveis os mais baixos possíveis e, ao mesmo tempo, prover a disponibilidade desejada pelos clientes.

PROCESSAMENTO DE PEDIDOS

É um elemento crítico em termos do tempo necessário para levar bens e serviços aos clientes, em relação, principalmente, à perfeita administração dos recursos logísticos disponíveis. Trata-se de uma atividade primária que dá partida ao processo de movimentação de materiais e produtos, bem como a entrega desses serviços.

Essas três atividades são fundamentais para que possamos cumprir a missão da organização, e, por isso, elas são chamadas de atividades primárias. Na Figura 1.2, mostramos a estrutura das atividades logísticas que apresentam melhores resultados para o bom desempenho de uma organização, pois as atividades e responsabilidades comuns ficam sob uma única gerência.

As atividades consideradas **de apoio** (adicionais) são aquelas que dão suporte ao desempenho das atividades primárias, para que se possa ter sucesso na empreitada organizacional, isto é, conquistar e manter clientes com pleno atendimento do mercado e satisfação total do acionista em receber seu lucro. Essas atividades de apoio são: armazenagem, manuseio de materiais, embalagem, suprimento, planejamento e sistema de informação.

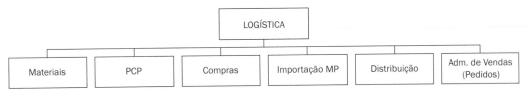

Figura 1.2 Responsabilidades e objetivos comuns em atividades logísticas nas organizações modernas.

ARMAZENAGEM

É o processo que envolve a administração dos espaços necessários para manter os materiais estocados, que podem ser tanto internamente, na fábrica, como em locais externos, mais próximos dos clientes. Essa ação compreende fatores como localização, dimensionamento de área, arranjo físico, equipamentos de movimentação, recuperação do estoque, projeto de docas ou baias de atracação, necessidades de recursos financeiros e humanos.

MANUSEIO DE MATERIAIS

Está associado com a armazenagem e, também, com a manutenção dos estoques. Essa atividade envolve a movimentação de materiais no local de estocagem, que pode ser tanto de estoques de matéria-prima como de produtos acabados. Pode ser a transferência de materiais do estoque para o processo produtivo, ou deste para o estoque de produtos acabados, ou, ainda, a transferência de um depósito para outro.

EMBALAGEM

Dentro da logística tem como objetivo movimentar produtos com toda a proteção e sem danificá-los além do economicamente razoável. Um bom projeto de embalagem do produto auxilia a garantir a perfeita e econômica movimentação sem desperdícios. Além disso, dimensões adequadas de empacotamento encorajam manuseio e armazenagem eficientes.

SUPRIMENTO

É a atividade que planeja a disponibilidade do produto no momento exato, para ser utilizado pelo sistema logístico. É o procedimento de avaliação e da seleção das fontes de fornecimento, da definição das quantidades a serem adquiridas, da programação das compras e da forma pela qual o produto é comprado. É uma área importantíssima de apoio logístico e, também, um setor de obtenção de enormes reduções de custos para a organização.

PLANEJAMENTO

Refere-se, primariamente, às quantidades agregadas que devem ser produzidas, bem como quando, onde e por quem devem ser fabricadas. Representa a base que servirá de informação à programação detalhada da produção dentro da fábrica. É o evento que permitirá o cumprimento dos prazos exigidos pelo mercado.

SISTEMA DE INFORMAÇÃO

É a função que permitirá o sucesso da ação logística dentro de uma organização para que ela possa operar eficientemente. São as informações necessárias de custo, procedimentos e desempenho essenciais para o correto planejamento e controle logístico. Portanto, uma base de dados bem estruturados, com informações.

Esse conceito deixa clara a necessidade de uma gestão global do processo, desde o ponto de aquisição dos materiais até o local de distribuição do produto final com plena satisfação ao cliente. Portanto, os gastos com a logística envolvem montantes relevantes, podendo chegar a até 35% do valor das vendas, dependendo da atividade e da situação geográfica da empresa.

1.5 LOGÍSTICA COMO VANTAGEM COMPETITIVA

A logística é o processo de gerenciar estrategicamente a aquisição, a movimentação e a armazenagem de materiais, peças e produtos acabados e, também, seus fluxos de informações ao longo da organização e de seus canais, de modo a poder maximizar as lucratividades presente e futura a partir do atendimento dos pedidos a baixo custo e plena satisfação do cliente.

Podemos afirmar que uma empresa pode alcançar uma posição de superioridade duradoura sobre os concorrentes, em termos de preferência do cliente, por meio da logística. As bases do sucesso estão muito além de uma boa estrutura organizacional. A base da vantagem competitiva fundamenta-se, primeiramente, na capacidade de a empresa diferenciar-se de seus concorrentes aos olhos do cliente e, em segundo lugar, pela capacidade de operar a baixo custo, oferecendo maior satisfação ao cliente, e, portanto, de proporcionar melhor retorno ao negócio.

A procura de uma vantagem competitiva sustentável e defensável tem se tornado a preocupação dos gerentes modernos e com visão para as realidades do mercado. Não se pode mais pressupor que os produtos bons sempre vendem; nem é aceitável imaginar que o sucesso de hoje continuará no futuro. As bases do sucesso no mercado são muitas, mas um modelo simples é o baseado na trilogia dos 3Cs: Companhia, Clientes e Concorrentes.

1.6 LOGÍSTICA INTEGRADA

Para a logística de uma organização agregar valor ao produto final, suas atividades devem ser gerenciadas como um todo, envolvendo os departamentos de compras, transporte, armazenagem, planejamento e informações sob uma única liderança. Quando a empresa trabalha com esses departamentos individualizados, acarreta problemas ao processo interno e, mais grave, não satisfaz o cliente.

Na logística, o setor de compras deve procurar os fornecedores mais confiáveis, manter o controle de estoque o mais baixo possível sem afetar o fluxo da armazenagem e com giro de estoque elevado, conduzindo o gerenciamento de materiais no sentido de tanto trazer matéria-prima como levar produto acabado aos clientes. Todos esses objetivos visam a reduzir custos e satisfazer o cliente. Na realidade, todas as atividades da logística estão intimamente relacionadas com as políticas da empresa para otimizar suas operações e satisfazer o cliente. Uma cadeia de suprimentos não integrada também afeta e dificulta a coordenação do fluxo de informações e de matérias na gestão operacional da empresa.

Roman Khilchyshyn | 123RF

Em geral, uma organização que não possui uma logística integrada incorre nos seguintes problemas e, consequentemente, em custos elevados:

- estoques elevados de matérias-primas para satisfazer as demandas de produção;
- estoques elevados de produtos acabados para satisfazer rapidamente as demandas do cliente;
- estoques maiores que a demanda;
- produção de lotes grandes para reduzir custo unitário (contabilidade de custo);
- previsão de vendas otimista para garantir produção em excesso;
- altos estoques de matérias-primas e produto acabado para manter a produção ao máximo;
- previsões de vendas não realistas que elevam os custos de fabricação.

Portanto, fragmentar a logística em diferentes partes somente traz desvantagens, tais como:

- objetivos diferentes, muitas vezes conflitantes, dentro da organização;
- duplica os esforços e reduz a produtividade;
- prejudica as comunicações e fluxos de informação entre os departamentos;
- reduz a coordenação entre as partes, resultando em menos eficiência e custos mais elevados;
- piora o atendimento ao cliente;
- aumenta a incerteza e atrasos ao longo da cadeia de suprimentos;
- dificulta o planejamento;
- perde mercado.

A maneira óbvia de se evitar esses problemas é trabalhar com a logística integrada, e não com uma série de atividades independentes. Assim, todas as partes trabalham juntas para obter o melhor resultado global para a organização. Portanto, a integração logística dentro de uma organização tem todas as suas atividades-fim trabalhando juntas como uma única unidade. Esse fator é responsável por todo o processo e aborda os problemas do ponto de vista de toda a organização, procurando o maior benefício geral.

O que ocorre na prática é a dificuldade em integrar todas as áreas da logística dentro de uma empresa, dificultando o entrosamento de toda a cadeia de suprimentos nas suas mais diferenciadas atividades e nos diversos tipos de operação em um amplo sistema geográfico. Quando não há a integração logística, facilita-se a ruptura artificial no que é essencialmente uma função contínua. O passo óbvio consiste em buscar a junção de todo o movimento dentro e fora da empresa, permitindo, inclusive, quebrar a resistência da integração interna da logística na organização. Apesar dos benefícios óbvios da logística integrada, ainda pode haver dificuldades práticas.

A logística integrada (Figura 1.3) tem um desenho especial para desenvolver um produto, maior disponibilidade operacional possível com o menor custo de ciclo de vida possível e foi desenvolvida para garantir a disponibilidade operacional de recursos físicos (equipamentos, máquinas, materiais, financeiros e humanos) para o sucesso da empresa e ganhos de competitividade. Cabe ressaltar que os custos devem ser baixos para adaptar o escopo da logística integrada dentro da empresa e personalizá-lo à necessidade do mercado, com base na complexidade do sistema, na disponibilidade exigida e nos custos do ciclo operacional dos produtos.

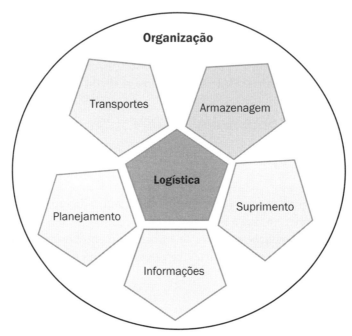

Figura 1.3 Ilustração da logística integrada na organização.

A abordagem usual para a integração deve se desenvolver ao longo do tempo e com profundo treinamento. Os departamentos (transporte, armazenagem, compras, planejamento e informações) devem lentamente assumir todos os aspectos de uma logística integrada, sob a liderança da direção e de gerências envolvidas, com conhecimento, entusiasmo, habilidade e autoridade para realizar as mudanças necessárias. Novas práticas e relacionamentos vêm de indivíduos trabalhando juntos, desenvolvendo uma cultura baseada no trabalho em equipe e na cooperação, e não no interesse próprio e conflituoso de cada setor.

Um fator importante para a integração logística é a disponibilidade de informações integradas e sistemas de controle agilizado. Os gestores necessitam de um sistema para coletar, armazenar, analisar, distribuir e apresentar informações, desde os objetivos estratégicos da organização até detalhes de cada transação para satisfazer o cliente final no que se refere a custos, serviços e tempo. Uma logística integrada torna-se mais eficiente e gera menores custos operacionais, o que, por sua vez, leva a margens de lucro maiores.

Podemos exemplificar com um caso real, conforme o Exemplo 1.2.

EXEMPLO 1.2

As vendas da fábrica Móveis DeLinea, no ano de 2017, totalizaram R$ 23,5 milhões, com um volume de estoque representando 21% das vendas anuais. Um estudo das ações de logística mostrou que o custo anual de manutenção de estoque foi de 20%, e os custos operacionais (excluindo o custo de estoque) de R$ 12 milhões anuais. A empresa, então, realizou mudanças e implantou a logística integrada e, em 2018, conseguiu reduzir seu nível de estoque para 5% das vendas, que foi de R$ 27,5 milhões, e o custo operacional aumentou em 10%. Com esse resultado, a fábrica aumentou seu lucro bruto? Qual era o lucro anterior e o atual? Foi positiva a mudança? Por quê?

Resposta:

- o estoque anterior era de: 23,5 × 0,21 = R$ 4,935 milhões;
- o custo anual de manutenção de estoque era de 4,935 × 0,2 = R$ 987 mil;
- o custo operacional de R$ 12 + 0,987 = R$ 12,987 milhões;
- o lucro bruto era de 23,5 – 12,987 = R$ 10,513.

Situação após mudanças:

- o estoque anterior ficou em: 27,5 × 0,05 = R$ 2,75 milhões;
- o custo anual de manutenção de estoque ficou em 2,75 × 0,2 = R$ 550 mil;
- o custo operacional passou para 12 × 1,10 = R$ 13,2 milhões;
- o lucro bruto passou para 27,5 – 13,2 = R$ 14,3 milhões.

O lucro bruto anterior era de R$ 10,513 milhões e o atual de R$ 14,3 milhões Como podemos constatar, o lucro bruto aumentou em [(14,3 – 10,513) ÷ 10,513] = 36%.

A mudança foi positiva em razão de ter:

- reduzido espaço e custo de armazenagem e aumentado o espaço disponível para a fabricação;
- aumentado as vendas;
- incrementado a margem de lucro;
- melhorado a satisfação do cliente etc.

Portanto, a logística integrada é um elemento estratégico para as organizações. Ainda que muitos autores tentem classificar as estratégias logísticas, um bom exemplo é o de Persson (1991), que identificou três estratégias básicas a partir de estudos de caso de empresas escandinavas. Ele as denominou, simplesmente, estratégias 1, 2 e 3:

Estratégia 1. As empresas usam a logística para influenciar forças competitivas: (i) tornando os fornecedores ou clientes mais dependentes deles ou (ii) usando investimento pesado em uma nova rede logística para desencorajar outras empresas a entrar em um setor de mercado.

Estratégia 2. As empresas, utilizando os recursos existentes, desenvolvem uma logística inovadora com práticas para penetrar em novos mercados ou obter vantagem competitiva no mercado existente. Por exemplo, o abandono dos limites da área de depósito fixa e a adoção do planejamento de frota multidepósito (CDs) podem fortalecer a competitividade da empresa em um mercado regional, cortando, simultaneamente, custos de transporte e prazos de entrega (McKINNON, 2008).

Estratégia 3. As empresas visam à superioridade geral em logística à medida que buscam novas soluções e combinações de sistemas. Essas empresas tendem a considerar a gestão logística como uma competência essencial e chave para o futuro sucesso.

Uma tipologia alternativa apresentada por Bowersox *et al.* (2006) tem sido bem mais citada e submetida a uma análise empírica mais ampla. Foi originalmente desenvolvida como parte de um estudo das ligações entre a estratégia logística e a organização da função logística. Em sua forma revisada, essa classificação diferencia dois tipos de estratégia logística:

- **Estratégia baseada em processos.** Aplica-se às empresas na fase de integração e comprometidas com o gerenciamento interfuncional dos processos de negócios. A ênfase aqui reside na melhoria da eficiência de uma ampla gama de atividades.
- **Estratégia baseada no mercado.** Está preocupada com um grupo mais limitado de atividades logísticas, muitas vezes realizadas por diferentes unidades de negócio, e visa facilitar as vendas e a coordenação logística em todos os mercados.

A gestão da logística integrada é vital não apenas para fabricação e montagem industriais, que são orientadas para os bens, mas também para o comércio e serviços (distribuidores, varejo, transporte, indústrias orientadas para a distribuição ou serviços e outros). Empresas de varejo têm cada vez mais diversificadas as atividades de suprimentos de *commodities*, restaurantes, serviços de viagens, serviços de locação, agricultura, educação e cultura com vistas a responder ao aumento da concorrência e à ameaça de aquisições. O transporte também é muito importante, porque a logística envolve a movimentação de produtos (matérias-primas, peças, suprimentos, produtos acabados) de um ponto de origem a um ponto de consumo. O ambiente de negócios local e global e a comercialização de mercados de negócios impõem alguns requisitos às empresas industriais: obtenção de vantagem competitiva, realização de alto nível, proteção do meio ambiente e redução de custos de sua produção e/ou distribuição. No atual ambiente de negócios global, o gerenciamento da logística integrada é a solução.

A gestão logística representa um dos mais importantes e eficazes sistemas de gestão empresarial dos fluxos de materiais nos processos internos e externos da cadeia de suprimentos da empresa. Assim, a gestão logística integrada desempenha o papel fundamental no processo estratégico de uma organização.

ESTUDO DE CASO

LOGÍSTICA TOTAL AJUDA A GIGANTE SPORTSWEAR A ENCONTRAR A FÓRMULA IDEAL

Especialista em cadeia de abastecimento europeia, a Total Logistics forneceu uma solução de racionalização da cadeia de suprimentos para a Adidas, líder mundial de vestuário e equipamentos esportivos. O sucesso do projeto consolidou quatro centros de distribuição em uma única e nova unidade de 30 mil m² no Trafford Park, em Manchester, Reino Unido, proporcionando redução de custos, bem como a capacidade de lidar com volumes e expansão futuras.

O DESAFIO

Quando a Adidas, uma das líderes globais na indústria de artigos esportivos, assumiu marcas esportivas como a Reebok e Rockport, queria aproveitar as sinergias e eficiências que podem ser alcançadas pelo inventário de consolidação de cinco marcas principais – Adidas, Reebok, TaylorMade, Rockport e Ashworth. Naquele momento, as operações europeias da Adidas, servindo os principais varejistas do Reino Unido, Irlanda e Benelux, foram divididas entre quatro armazéns convencionais, cada um usando diferentes sistemas e processos, com a distribuição sendo manipulada por terceiros.

Uma análise da rede de distribuição da empresa resultante da fusão destacou que um investimento inicial na cadeia de suprimento e racionalização poderia obter economias de escala, proporcionando benefícios que poderiam moldar a estratégia de distribuição da Adidas para a Europa e mercados mais amplos. A Total Logistics, responsável pelo projeto recomendado, supervisionou a racionalização dos quatro centros de distribuição automatizados em um único local com valor de £ 20.000.000, em Trafford Park, Manchester.

A SOLUÇÃO

Seguindo a recomendação da Total Logistics, eles desenvolveram um conceito inovador para utilizar no CD totalmente automatizado. Isso foi implementado em apenas 18 meses, incluindo a implementação de um novo sistema de gestão de armazém (*software*). Os procedimentos tiveram em conta as atuais exigências de todas as cinco marcas, o novo leiaute e os requisitos deste trazidos para o CD, bem como os requisitos gerais do sistema de gestão de armazém da Adidas.

A instalação no Trafford Park tornou-se a melhor referência prática a definir um quadro para a Adidas em relação a futuras implementações em todo o planeta. Algumas das tecnologias utilizadas eram novas para a empresa, e agora estão sendo adotadas em outras instalações dentro do grupo.

Andy Keith, diretor da Total Logistics, disse:

> Consolidação em qualquer mercado maduro como o varejo de esportes muitas vezes resulta em sistemas legados a ser conectados junto com a esperança de que quanto maior significa melhor. Como ficou provado com o projeto Adidas, uma compreensão dos processos da cadeia de suprimentos em um nível detalhado pode identificar potenciais ganhos de eficiência em uma escala que pode fornecer resultados significativos.

> A chave para o sucesso do projeto Adidas foi a concepção de um sistema de apoio à necessidade da organização para a flexibilidade. Por meio da automação, a nova unidade é capaz de lidar com ordens para uma variedade de formatos de clientes, tais como pequenas encomendas de pequenas lojas, a partir de grandes lançamentos de novos *kits* de clubes de futebol. [...]

> [...] O objetivo inicial para o novo *site* aumentar a produtividade em 66% realmente foi ultrapassado em quase 100%.

O sistema automatizado lida com mais de 65 mil SKUs e permitiu que a área destinada à coleta manual fosse reduzida em dois terços. O sistema automatizado proporciona benefícios adicionais de eficiência nas operações manuais, como em caso de sazonalidade do negócio quando a programação de recursos muda continuamente. Mais de 40 mil itens diversos podem agora ser separados e coletados por dia. E, como resultado da economia de espaço, serviços de valor acrescentados e custos foram adicionados ao cliente.

A Total Logistics conseguiu com sucesso a automatização do CD, e o projeto aumentou a produtividade e reduziu a base de custos para distribuição no Reino Unido, superando os benefícios indicados no projeto inicial.

Tim Adams, diretor de projetos globais de armazenagem da Adidas, está encantado com o sucesso do projeto e disse:

> Devido ao grande volume, tamanho e complexidade, o projeto era visto como um grande desafio desde o início. Nossas expectativas de valor do projeto foram superadas e a contribuição independente feita pela Total Logistics foi inestimável.
>
> A automação nos permitiu lidar com um grande volume em pequeno espaço, o que mantém os nossos custos indiretos mais baixos. Ela nos permitiu ser muito mais flexível, viabilizando uma gama de possibilidades a partir da coleta de caixas de um par de sapatos, e nos possibilitou alcançar uma maior precisão da ordem.
>
> O sistema nos permite equilibrar o trabalho ao longo de variações intermitentes entre marcas e ser mais ágil aos nossos clientes – nós fomos capazes de entregar grandes encomendas em um período muito curto de tempo, e os clientes têm menor número de entregas por meio de consolidação.

Questões para discussão:

1. Qual o motivo da satisfação de Tim Adams? Justifique.
2. Qual foi o objetivo primordial do projeto da Total Logistics?
3. Descreva três resultados positivos do projeto.
4. Em resumo, o que Andy Keith, diretor da Total Logistics, quis dizer?
5. Dê seu parecer sobre o projeto da Total Logistics.

QUESTÕES para revisão

1. Por que a logística é vital para o sucesso de uma organização?
2. Como a logística pode ser um fator para a vantagem competitiva de uma empresa?
3. Como é definida a nova e moderna visão da logística?
4. Quais são as atividades primárias e por que têm essa denominação?
5. Descreva o desenvolvimento logístico na vida empresarial.
6. Quais são as atividades de apoio na logística?
7. Qual foi a grande transformação da logística nos anos 1990 e por quê?
8. Em quais fatores os mercados globalizados influenciam as organizações?
9. Como o transporte e a armazenagem afetam os recursos logísticos?
10. É verdade que toda organização precisa mover materiais para apoiar suas operações? Dê alguns exemplos de diferentes tipos de organização para fundamentar seus pontos de vista.
11. Qual a importância da logística para a economia nacional? Que proporção de emprego e produto interno bruto corresponde à logística?
12. O custo da logística varia muito de organização para organização. Quais fatores afetam esses custos? Os custos são fixos ou podem ser controlados?

Capítulo 2
LOGÍSTICA REVERSA

Assista ao vídeo do autor sobre este Capítulo.

A logística reversa compreende o fluxo inverso do processo tradicional da logística. Rogers e Tibben-Lembke (1999) a definem como:

> O processo de planejamento, implementação e controle do fluxo eficiente e de baixo custo de matérias-primas, estoque em processo, produto acabado e informações relacionadas, desde o ponto de consumo até o ponto de origem, com o propósito de recuperação de valor ou descarte apropriado para coleta e tratamento de lixo.

No mesmo sentido, o *Council of Logistics Management* (LEITE, 2003) define a logística reversa como: "um amplo termo relacionado com as habilidades e atividades envolvidas no gerenciamento de redução, movimentação e disposição de resíduos de produtos e embalagens".

O processo de valorizar o retorno de parte de material até então considerado resíduo foi trazido para literatura usando um conceito já em uso há algumas décadas: a logística reversa. Até a década de 1990, o conceito vinha sendo trabalhado, sobretudo com o foco nas devoluções de produtos, que, após a aquisição pelo consumidor, não atendiam às expectativas do cliente, seja por problemas técnicos, defeitos ou mesmo não ser o produto desejado.

Em face dos poucos trabalhos nesta área, até publicação do texto de Rogers e Tibben-Lembke (1999), pode-se especular que o crescimento desse tipo de logística reversa deve estar ligado ao processo de modernização do sistema de vendas em países como os Estados

Unidos, no qual, com a popularização da televisão (após a década de 1950) e do telefone privado, foi desenvolvido o sistema de vendas por telefone em anúncios televisivos. Esse sistema só pôde evoluir quando se ofereceu ao consumidor a garantia da possibilidade de retorno do produto, caso ele não fosse o esperado.

A logística reversa é o processo de planejamento, implementação e controle do fluxo eficiente e econômico de matérias-primas, estoque em processo, produtos acabados e informações relacionadas do ponto de consumo até o ponto de origem para fins de recaptura. Mais precisamente, a logística reversa é o processo de mover bens de seu destino final típico com o propósito de capturar valor, ou descarte adequado. As atividades de remanufatura e recondicionamento também podem ser incluídas na definição de logística reversa.

Se nenhum material ou mercadoria estiver sendo enviado "para trás", a atividade provavelmente não é de logística reversa. A logística reversa também inclui o processamento de mercadorias devolvidas em consequência de danos, estoques sazonais, reabastecimento, salvamento, *recalls* e estoques em excesso. Também abrange programas de reciclagem, programas de materiais perigosos, disposição de equipamentos obsoletos e recuperação de ativos.

O setor de varejo, sob grande pressão competitiva, usou políticas de retorno como uma arma a seu favor. Quanto maior a pressão, mais inovadoras são as soluções. Dentro do setor de varejo, parece que a necessidade, de fato, é a mãe da invenção. Os varejistas de supermercados foram os primeiros a dedicar atenção ao problema dos retornos e a desenvolver inovações logísticas reversas, como, por exemplo, os centros de recuperação. Suas margens de lucro são tão pequenas que um bom gerenciamento de retorno é essencial. Agora, mais do que nunca, grandes redes de varejo são a regra e, em tese, têm mais poder na cadeia de suprimentos do que antes. Também é verdade que, em geral, os grandes varejistas são muito mais poderosos que os fabricantes. Poucos fabricantes podem ditar políticas para grandes varejistas, como o Walmart, Carrefour ou GPA. Se um fabricante não aceitar devoluções, é improvável que o grande varejista concorde com esses termos facilmente.

Os retornos de produtos reduzem marginalmente a lucratividade dos varejistas em relação aos fabricantes, podendo chegar, segundo alguns estudos, a uma redução na lucratividade de 4,3%, enquanto a quantidade média que retorna e que reduz a rentabilidade entre os fabricantes é um pouco menor, em torno de 3,8%. Para lidar com os retornos, cuja frequência é maior do que a dos fabricantes, os varejistas entrevistados nos estudos usam uma facilidade de devolução centralizada. Eles tinham menos probabilidade de remanufaturar ou reformar do que os fabricantes, o que parece lógico, já que os fabricantes são melhores na fabricação do que os varejistas.

Os fabricantes são significativamente mais propensos a reciclar ou depositar material devolvido do que os varejistas, já que, quando comparados, eles são melhores na fabricação. Em contrapartida, os varejistas estão mais avançados quando se trata de programas de recuperação de ativos. Na tabela que se segue, é apresentada uma comparação das opções de disposição entre varejistas e fabricantes.

Está claro que, tanto nas entrevistas como no instrumento de pesquisa, os varejistas fizeram grandes investimentos em tecnologia para melhorar seus sistemas de logística reversa. Na verdade, os fabricantes ficam atrás dos varejistas em quase todas as categorias de tecnologia. Essa diferença entre fabricantes e varejistas parece não ocorrer em todas as facetas de uma operação.

Quase o dobro de varejistas na pesquisa implementou equipamentos automatizados de manuseio de materiais, além de serem mais propensos a usar códigos de barras, rastreamento informatizado de retornos, entrada informatizada de retornos, intercâmbio eletrônico de dados (EDI) e tecnologia de radiofrequência (RFID) para aprimorar seu gerenciamento de logística reversa.

Para exemplificar, observe os dados do Quadro 2.1.

Quadro 2.1 Dados de pesquisa nos Estados Unidos sobre um comparativo da disposição de produtos na logística reversa

Disposição	Fabricantes	Varejista
Enviado para central reverso	29,2%	17,7%
Revendido	21,4%	23,5%
Embalado e vendido como novo	20,5%	20,0%
Remanufaturado	26,7%	18,3%
Vendido em lojas secundárias	14,5%	12,8%
Reciclado	14,1%	22,3%
Levado para aterro	13,6%	23,8%
Doado	10,6%	11,8%

Fonte: Rogers e Tibben-Lembke (1999).

Diante do novo paradigma ambiental, o meio ambiente não pode mais ser esquecido nas equações das operações de produção. Nesse contexto, a questão dos resíduos da cadeia de suprimento e consumo tornou-se altamente relevante, e todos os resíduos antes externalizados sem custos para o produtor – e sim para a sociedade – passaram a ser considerados, assim como seus custos e valores (econômico, ambiental e social) passaram a exigir uma logística reversa.

Ainda segundo Leite (2003), o incentivo à logística reversa estaria relacionado com as questões ambientais, à medida que cada vez mais clientes e consumidores finais estão mais atentos e preocupados com o impacto dos processos das empresas no ambiente em que estão inseridos. Tal fator chega a determinar até mesmo a escolha por parte do cliente na hora da compra de "um ou outro" produto de características similares. Por essa razão, muitas organizações utilizam esse fato como artifício para agregarem valor ao seu produto, providenciando formas de comunicar aos consumidores que seus produtos não agridem o ambiente, utilizam matéria-prima proveniente de fontes renováveis e suas embalagens são reaproveitáveis.

Como se pode observar na Figura 2.1, o processo logístico tradicional compreende o fornecimento da matéria-prima ou produto final ao cliente; já a atividade logística reversa se preocupa com o retorno e a inserção do bem ou matéria-prima – após o término de sua vida útil ou o consumo – na cadeia de abastecimento, não permitindo o descarte inapropriado ou impensado desses bens e/ou matérias-primas.

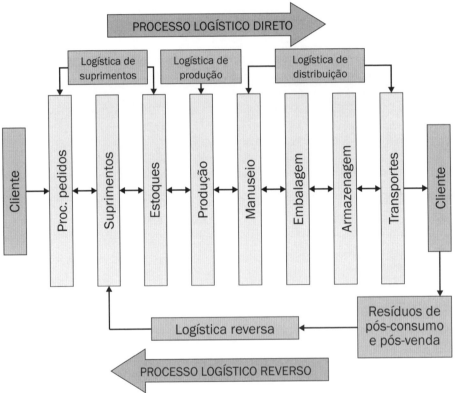

Figura 2.1 Processo logístico direto e reverso.

A logística reversa precisa ser entendida pelas empresas como uma oportunidade de adicionar valor, tanto pela oportunidade de oferecer serviços que geram vantagens competitivas como pela imagem junto à sociedade com relação aos aspectos ambientais e a sua responsabilidade social (HERNÁNDEZ et al., 2012).

O fluxo da logística reversa pode ser visto na Figura 2.2.

Em outros termos, investimentos em tecnologias vantajosas para o meio ambiente permitem, em muitos casos, o desenvolvimento de práticas de logística reversa que possibilitam recapturar valor pelos materiais que retornam ou adequar seu destino. Esses investimentos também oferecem vantagens para as empresas que, conscientes das oportunidades associadas a um melhor desempenho ambiental, procuram tirar partido delas.

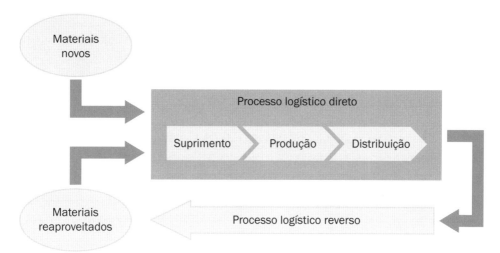

Fonte: Lacerda (2002).

Figura 2.2 Representação esquemática dos processos logísticos direto e reverso.

Essa relação também se dá de forma inversa, ou seja, à medida que a legislação se torna mais severa, as práticas de logística reversa serão obrigatórias, o que representará um investimento em pesquisa e desenvolvimento de novas tecnologias. As empresas que adotarem posturas proativas e de responsabilidade social levarão vantagem perante a concorrência, passando a ser a correlação entre a logística reversa e a inovação fortemente percebida nos dois sentidos (HERNÁNDEZ et al., 2012).

Dessa forma, cada vez mais as empresas vêm criando associações que incentivam a reciclagem e o reúso, e investindo de maneira educacional em programas que conscientizam a sociedade para os problemas ambientais, para fortificar legislações locais ou garantir a continuidade dos negócios (LEITE, 2003). O autor afirma ainda que

> o interesse das empresas modernas, entidades governamentais, partidos políticos "verdes" e comunidades em geral, que se comprometem ativamente nos problemas causados ao meio ambiente, para defender sua perenidade econômica e imagem corporativa, contribuem para introduzir o problema do meio ambiente nos canais de distribuição reversos e na atuação da logística reversa, contribuindo para estruturar e organizar esses canais.

Toda empresa gera algum tipo de resíduo. Para atender às legislações cada vez mais rigorosas e diminuir os danos junto ao meio ambiente, as empresas procuram melhorar sua imagem corporativa com o conceito de sustentabilidade, buscando dar um destino adequado a esses resíduos, e a logística reversa torna-se o meio eficaz para atender essa demanda tendo em vista, por exemplo, a recente política nacional de resíduos sólidos, sendo ela responsável diretamente pela logística reversa das empresas e indiretamente pela sustentabilidade do planeta.

Diante de um consumidor cada vez mais preocupado com os danos que os produtos podem causar ao planeta, as empresas devem investir em marketing social ambiental, divulgando seu comprometimento com a preservação do meio ambiente, pois, certamente, serão recompensadas por possuírem uma imagem diferenciada, com vantagens competitivas aparentes ante seus concorrentes; isso contribui intensamente para que a logística reversa seja implementada nas empresas.

Destaca Moura (2002) que:

> Uma pesquisa realizada em abril de 1990 pela *Opinion Research Corporation*, nos Estados Unidos, indicou que 71% das pessoas consultadas disseram que tinham mudado de marca devido a considerações de cunho ambiental e 27% afirmaram ter boicotado produtos por causa de maus antecedentes ambientais do fabricante. Hoje, com certeza, aumentou essa preocupação, graças provavelmente a um maior volume de informações ambientais existentes na mídia, com maior conhecimento do assunto pela sociedade.

Uma mudança de hábitos dos consumidores, que, hoje, se preocupam com o meio ambiente e não compram, ou compram menos, os produtos que causam danos ambientais, se tornou uma questão-chave na elaboração de um elemento objetivo para as organizações, que é o interesse das empresas pela gestão ambiental sustentável. Pode-se afirmar que as relações entre meio ambiente e desenvolvimento estão relacionadas com os padrões de produção e consumo de cada sociedade. Percebe-se, inclusive, uma mudança de valores – de ações individuais conscientes, bem informadas e motivadas, por valores ambientalizados.

A logística inversa tem um papel preponderante nesse novo conceito de logística, muito mais global e abrangente. A despeito de suas várias definições, em função dos autores ou organismos, o objetivo da logística inversa consiste em planejar, implementar e controlar de um modo eficiente e eficaz:

- o retorno ou a recuperação de produtos;
- a redução do consumo de matérias-primas;
- a reciclagem, a substituição e a reutilização de materiais;
- a deposição de resíduos;
- o retrabalho de produtos.

O desenvolvimento e o progresso da logística inversa têm sido impulsionados, em grande parte, pelas questões ambientais, principalmente no que concerne à deposição das embalagens dos produtos, recuperação de produtos, partes de produtos ou materiais, às devoluções de produtos em fim de vida, de produtos com defeito, assim como pela legislação ambiental, a qual vem impondo leis mais exigentes.

Essa vertente da logística encontra-se em franco desenvolvimento, e é um grande potencial de negócio emergente para as empresas e organizações, pois as políticas ambientais tendem a ser cada vez mais exigentes. Desse modo, é possível fidelizar os clientes, pois eles preferem, na maioria dos casos, ter poucos fornecedores, em detrimento de vários, mas que correspondam ou mesmo superem as suas expectativas.

2.1 PROCESSOS E FLUXOS LOGÍSTICOS REVERSOS

Como já referido anteriormente, a logística inversa aplica-se a todos os fluxos físicos inversos, isto é, do ponto de consumo até a origem ou deposição em local seguro de embalagens, produtos em fim de vida, devoluções etc., tendo as mais variadas áreas de aplicação, como, por exemplo: componentes para a indústria automotiva, vendas por catálogo, frigoríficos, máquinas de lavar e outros eletrodomésticos, computadores, impressoras e fotocopiadoras, embalagens, pilhas, baterias, revistas, jornais e livros.

Esses fluxos físicos de sentido inverso estão ligados às novas indústrias de reaproveitamento de produtos ou materiais em fim de ciclo de vida, tais como: desperdícios e detritos, transformação de certos tipos de lixo, produtos deteriorados ou objeto de reclamação e consequente devolução, retorno de embalagens utilizadas e a reciclar, veículos e outros tipos de equipamentos em fim de vida útil.

Os dois sistemas – logística direta (*forward*) e logística inversa (reverse) – integram e acrescentam valor à cadeia de abastecimento com o ciclo completo, e, para poderem sobreviver, devem ser de certo modo competitivos, minimizando os custos de transporte, na medida do possível, otimizando os veículos no retorno, com o transporte de devoluções, material para reciclar, desperdícios e produtos deteriorados, permitindo rentabilizar e otimizar o transporte, minimizando os respectivos custos. As principais atividades afetas ao produto, na logística inversa, são as seguintes:

- retorno do produto à origem;
- revenda do produto retornado;
- venda do produto em um mercado secundário;
- venda do produto via *outlet*;
- venda do produto com desconto;
- remanufatura;
- reciclagem;
- reparação ou reabilitação;
- doação.

Os lixos ou resíduos não recicláveis e não perigosos são depositados em aterros, em sucessivas camadas, as quais são compactadas por veículos próprios para essa finalidade. Quando esgotada a sua capacidade, o aterro é selado. Após a selagem, grande parte dos aterros pode ser convertida em zonas verdes ou ajardinadas, de modo a melhorar seu impacto visual e funcionar de maneira distinta da que teve enquanto era local para a deposição de lixo.

Por vezes, esses ciclos logísticos completos são assegurados pelos próprios fornecedores dos produtos ou materiais, facilitando, desse modo, o trabalho dos clientes (DIAS, 2005, p. 207). As devoluções representam grande parte dos fluxos físicos inversos na cadeia de abastecimento e dividem-se em duas grandes vertentes: as devoluções pelo consumidor, em venda direta, e as devoluções por erros de expedição. As devoluções realizadas pelo consumidor final de um produto, em uma venda direta, têm crescido e a tendência é continuarem a crescer, tendo em vista que os clientes estão cada vez mais exigentes e as suas expectativas cada vez maiores.

Em geral, as empresas procuram maneiras de aumentar as vendas, reduzir seus custos e diminuir os riscos. Em tempos econômicos tão difíceis, os cortes fáceis foram realizados e todas as melhorias mais simples do processo já implementadas. Agora, passam a dar ênfase à logística reversa, um processo muitas vezes negligenciado que pode ajudar as empresas a reduzir o desperdício e melhorar os lucros.

Os processos e planos de logística reversa dependem muito da reversão da cadeia de suprimentos para que as empresas possam identificar e categorizar corretamente os produtos devolvidos para disposição. Trata-se uma área que oferece muitas oportunidades de receita adicional, representando bem mais do que simplesmente contar itens defeituosos devolvidos pelos clientes. Além disso, é muito mais complexo do que o envio de mercadorias em que os clientes e/ou consumidores iniciam esse processo de retorno.

O que muitos fabricantes não percebem é que os retornos correspondem de 9 a 15% da receita total, de acordo com um estudo de 2010 do Aberdeen Group. Em geral, eles também desconhecem o impacto que o gerenciamento de devoluções pode ter sobre seus clientes, seus recursos ou seus resultados. De acordo com pesquisas nos Estados Unidos (GREVE; DAVIS, 2010), a logística reversa pode ajudar uma empresa a aumentar sua receita em até 5% das vendas totais. Além disso, as funções críticas de logística reversa, se bem gerenciadas, podem proporcionar que as organizações encontrem lucros ocultos, melhorem a satisfação do cliente e minimizem os passivos.

Empresas e organizações, por vezes em cumprimento da legislação própria de cada país, mas cada vez mais por sua livre e espontânea vontade, e independentemente da existência de legislação ou não, permitem ao cliente ou ao consumidor devolver o produto adquirido, caso este não corresponda às suas expectativas, ou no caso das vendas por catálogo, ou vendas *on-line*, caso o cliente queira. Ressalte-se que, na devolução do produto adquirido, não devem ser impostas restrições.

O retorno dos produtos sujeitos ao processo de devolução, ou seja, o fluxo físico inverso desde o ponto de venda ou consumo até a origem, deverá ser realizado, sempre que for possível, pelo mesmo meio de transporte pelo qual é realizada a sua entrega no local de consumo, isto é, o fluxo físico direto. Desse modo, é possível otimizar a cadeia de abastecimento, direta e inversa, rentabilizando o transporte ao máximo. Normalmente, os produtos sujeitos à devolução são armazenados em locais destinados para o efeito, em áreas restritas do armazém, de modo a evitar erros de expedição, impedindo que, fisicamente, os produtos coabitem.

2.2 EMBALAGENS RETORNÁVEIS OU RECICLÁVEIS

Um problema relevante, quando se fala em logística reversa, que pode oferecer benefícios ambientais e econômicos, é o retorno de embalagens ao ponto de origem. As embalagens podem ser do tipo descartável ou não, que perdem parte de seu valor durante o processo de consumo do produto que os envolvem, tais como latas de alumínio de bebidas, garrafas PET ou retornáveis, cujo valor residual após consumo do produto tem poder atrativo. Nesse sentido, o papel da logística reversa é recolher e dar destinação ao material para seu reaproveitamento ou, na pior hipótese, extrair um valor residual.

A relevância e importância das embalagens são mostradas por Liva, Pontelo e Oliveira (2004), que apresentam uma logística reversa específica para embalagens, a par das logísticas de pós-venda e pós-consumo. Segundo os próprios autores, há uma tendência mercadológica e globalizada de se usar embalagens retornáveis, reutilizáveis ou de múltiplas viagens. Com relação ao processo de retorno de embalagens, este fluxo pode reduzir desperdícios de valores e riscos ao ambiente, pela reutilização, recuperação e reciclagem dos materiais de embalagens.

Um elemento importante na gestão de embalagens retornáveis é o procedimento de roteirização dos sistemas de transportes das mesmas, visto que os sistemas de modais para transportar essas embalagens reutilizáveis e todo bem a reciclar ou remanufaturar têm uma direção oposta à distribuição. Se ambas as tarefas são executadas pela mesma infraestrutura de transporte, um problema de roteirização deve ser avaliado para uma solução otimizada e também considerada uma via direta e reversa que atenda aos requisitos de baixo custo no transporte.

As embalagens retornáveis e descartáveis envolvem custos elevados de transporte e de armazenamento e de investimento em capital. Porém, na logística reversa, além dos benefícios ambientais, o retorno dessas embalagens também oferece outros tipos de benefícios, tais como mostra o Quadro 2.2.

Quadro 2.2   Benefícios quanto ao retorno das embalagens

Item	Benefícios
1	Conferir maior proteção aos produtos
2	Oferecer ao usuário maior flexibilidade de utilização
3	Atender aos requisitos legais
4	Retornar ao fabricante como material reciclado
5	Reduzir custos subsequentes
6	Estimular consciência ecológica empresarial

Os custos de transporte não são os únicos a serem considerados no processo da logística reversa no que tange às embalagens retornáveis, visto que, também, custos de manuseio e de rastreamento estão envolvidos.

Portanto, de acordo com o *Reverse Logistics Executive Council* (RLEC, 2007):

> A atividade de planejamento, execução e controle do fluxo de matérias-primas, produtos em processo e produtos acabados (bem como os fluxos de informações relacionados), do

ponto de consumo ao ponto de origem, de forma eficiente e eficaz, visando recapturar o valor ou destinar à eliminação adequada, cuidando do impacto dos custos relacionados a esse processo.

Esse processo de planejamento, implementação, de controle da eficiência e do custo efetivo do fluxo de matérias-primas, estoques de processo, produtos acabados desde o ponto de consumo até o ponto de origem com atuação na redução de resíduos em todo o processo envolvendo ações para implantar sistemas de coletas localizadas e sistemas de remoção e reutilização dos resíduos tem a finalidade de reduzir os impactos ambientais. A implantação do sistema de logística reversa é mais um elemento rumo ao desenvolvimento sustentável do planeta, pois possibilita a reutilização e redução no consumo de matérias-primas. A logística reversa pode ser de pós-venda ou de pós-consumo, conforme abordaremos na próxima seção.

2.3 CANAIS DE DISTRIBUIÇÃO REVERSOS PÓS-CONSUMO E PÓS-VENDA

Os componentes ou produtos em fim de ciclo de vida para reciclagem têm aumentado de uma forma exponencial, em função de vários fatores. No Brasil, destacam-se: como primeiro fator, a **conscientização da sociedade** para a questão da sustentabilidade do meio ambiente. Cada vez mais a sociedade tem o dever de colaborar com as políticas ambientais, realizando a separação do lixo, de acordo com o tipo de resíduo ou lixo, e depositando--o nos locais destinados para esse fim. O segundo fator relevante é o **fortalecimento da legislação ambiental brasileira,** levando as empresas a se adequarem ambientalmente. As empresas que avaliarem constantemente os seus processos em relação aos riscos ambientais certamente evitarão problemas com os órgãos fiscalizadores. E, por fim, a **instituição da Política Nacional de Resíduos Sólidos**, preconizando que a responsabilidade pela coleta, tratamento e destinação final seja compartilhada entre poder público, empresas e consumidores na questão dos resíduos sólidos, pois o passivo ambiental tornou-se um quesito elementar nas negociações de empresa, ou seja, na compra e venda, pois poderá ser atribuída aos novos proprietários a responsabilidade pelos efeitos nocivos ao meio ambiente provocados pelo processo operacional da companhia ou pela forma como os resíduos poluentes foram tratados. Na Figura 2.3, o fluxo da logística reversa de produtos pós-consumo pode ser visualizado.

Os países mais desenvolvidos, e com maior qualidade de vida, concentram o maior número de pessoas conscientes dessa realidade, colaborando na separação e recolha dos diferentes tipos de resíduos domésticos, que, em grande parte, podem ser reciclados, reaproveitados ou a sua matéria-prima reutilizada em novos produtos.

- **Pós-venda:** se ocupa de bens sem uso ou com pouco uso, devolvidos por razões comerciais, erros nos processamentos de pedidos, garantia do fabricante, defeitos de funcionamento, avarias no transporte etc.

- **Pós-consumo:** se refere a problemas causados em fim de vida útil, bens usados com possibilidade de reutilização ou descartes pela sociedade, e resíduos industriais em geral.

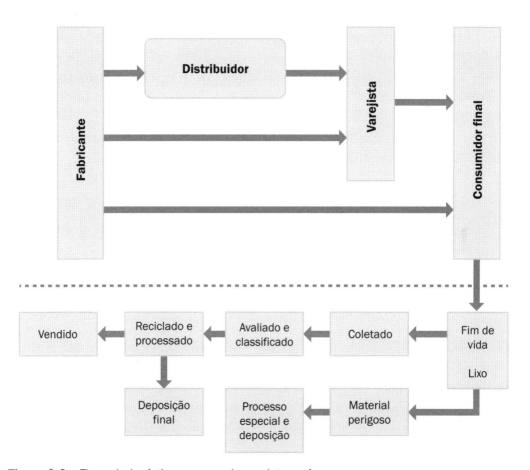

Figura 2.3 Fluxo da logística reversa de produtos pós-consumo.

Na Figura 2.4, podemos ver o fluxo da logística reversa de pós-venda e pós-consumo.

Exemplos dos benefícios da logística reversa na economia e redução de energia em processos industriais de alto impacto ambiental:

- Para produzir alumínio do minério são necessários 15 kWh/kg; usando material reciclado é necessário somente **0,75 kWh/kg** (reduz 95%).
- Para produzir plástico (resina virgem) são necessários **6,74 mil kWh/tonelada**; usando plástico reciclado é necessário **1,44 kWh/tonelada** (reduz 80%).
- Para produzir papel são necessários **4,98 MWh/tonelada**; usando aparas recicladas, é necessário **1,47 MWh/tonelada** (reduz 70%).

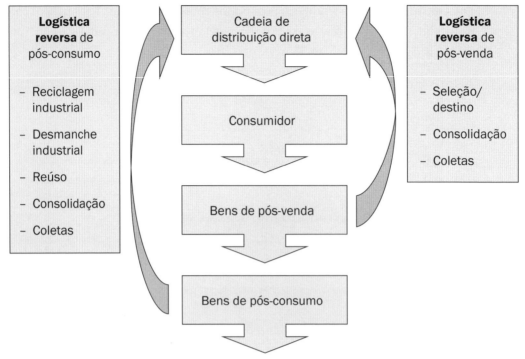

Figura 2.4 Esquema do processo reverso de pós-consumo e pós-venda.

2.4 LOGÍSTICA REVERSA NA POLÍTICA NACIONAL DE RESÍDUOS SÓLIDOS

A Política Nacional dos Resíduos Sólidos (BRASIL, 2010) reforçou a necessidade da preocupação ambiental, social e econômica dos resíduos sólidos, incentivando a adequação do tratamento e disposição, bem como intensificando a importância da coleta pelas cooperativas de catadores. Entre as novidades, está a inserção da logística reversa como um dos instrumentos dessa política (artigo 3º) e a obrigatoriedade de gerenciamento dos resíduos gerados pós-consumo (artigos 32 e 33), tanto para fabricantes, distribuidores e vendedores, de modo a oferecer um destino ambientalmente sustentável. Essa medida é válida para materiais agrotóxicos, pilhas, baterias, pneus, óleo, lubrificantes, lâmpadas e eletroeletrônicos.

Segundo Pozo (2014), logística reversa pode ser entendida como:

> um fluxo de produtos, desde o momento em que é gerada a necessidade de atendimento de um produto até sua chegada ao cliente que estará aguardando sua chegada. Mas é importante ressaltar que existe um fluxo reverso, do ponto de consumo até o ponto onde este produto teve seu início de produção. Este fluxo reverso precisa ser gerenciado para obtenção de ganhos expressivos nos negócios.

De acordo com Marchese, Konrad e Calderan (2011), para solucionar o problema envolvendo a destinação correta do lixo e dos resíduos sólidos gerados, não só pelo consumidor final, mas também pelas empresas, recentemente no Brasil foi criada a Política Nacional de Resíduos Sólidos (PNRS). Essa política tem o objetivo de realizar a gestão integrada e o gerenciamento dos resíduos, e pode ser considerada um marco regulatório de resíduos sólidos, dando bases para o desenvolvimento social, ambiental e econômico, uma vez que propõe que o lixo ou o resíduo descartado deixe de ser problema para ser gerador de novas riquezas e negócios.

A extração desenfreada dos recursos naturais, o pensamento errôneo de que os mesmos são renováveis e inacabáveis, além de outros fatores – a nova consciência ecológica que aflora na sociedade e a escassez de recursos naturais, que obrigam as empresas a reverem seus processos de negócios de forma a não prejudicar o meio ambiente –, determinam que as empresas e o poder público encontrem soluções para a relação, muitas vezes conflitante, entre desenvolvimento tecnológico e meio ambiente.

Diante disso, surgiram diversas legislações com o intuito de regular o desenvolvimento econômico e tecnológico e garantir, assim, a preservação do meio ambiente. Um destes textos legais é a Lei Federal nº 12.305/2010 – Política Nacional de Resíduos Sólidos (PNRS) –, sancionada em agosto de 2010 e regulamentada pelo Decreto Federal nº 7.404/2010, os quais dispõem sobre os princípios, objetivos e instrumentos, bem como sobre as diretrizes relativas à gestão integrada e ao gerenciamento de resíduos sólidos no Brasil, incluindo os perigosos; as responsabilidades dos geradores e do poder público e aos instrumentos econômicos aplicáveis.

De acordo com esta lei, entende-se por responsabilidade compartilhada pelo ciclo de vida dos produtos: "conjunto de atribuições individualizadas e encadeadas dos fabricantes, importadores, distribuidores e comerciantes, dos consumidores e dos titulares dos serviços públicos de limpeza urbana e de manejo dos resíduos sólidos, para minimizar o volume de resíduos sólidos e rejeitos gerados, bem como para reduzir os impactos causados à saúde humana e à qualidade ambiental decorrentes do ciclo de vida dos produtos, nos termos da lei".

Dentre os artigos da referida lei, destaca-se o artigo 30, que inova quando estabelece a responsabilidade compartilhada entre os atores envolvidos no processo de geração dos resíduos sólidos, abrangendo os fabricantes, atacadistas, varejistas, importadores, poder público e os consumidores finais. Ademais, o referido artigo estabelece a necessidade de criação de canais reversos para equacionar a necessidade de gerenciamento dos resíduos e, para tanto, há necessidade urgente da elaboração de acordos setoriais, visando tornar a gestão dos resíduos sólidos e a implementação da logística reversa de forma viável economicamente e sustentável.

Ainda dentro do artigo 30 do texto legal, o seu parágrafo único define que a responsabilidade compartilhada pelos atores envolvidos no processo de geração de resíduos em relação ao ciclo de vida dos produtos tem por objetivo as ações mostradas no Quadro 2.3.

Quadro 2.3 Ações do artigo 30 da PNRS

Ação	Descrição
I	Compatibilizar interesses entre os agentes econômicos e sociais e os processos de gestão empresarial e mercadológica com os de gestão ambiental, desenvolvendo estratégias sustentáveis
II	Promover o aproveitamento de resíduos sólidos, direcionando-os para a sua cadeia produtiva ou para outras cadeias produtivas
III	Reduzir a geração de resíduos sólidos, o desperdício de materiais, a poluição e os danos ambientais
IV	Incentivar a utilização de insumos de menor agressividade ao meio ambiente e de maior sustentabilidade
V	Estimular o desenvolvimento de mercado, a produção e o consumo de produtos derivados de materiais reciclados e recicláveis
VI	Propiciar que as atividades produtivas alcancem eficiência e sustentabilidade
VII	Incentivar as boas práticas de responsabilidade socioambiental

Para operacionalizar esse novo fluxo de materiais nas operações logísticas, a logística reversa é essencial, pois abrange a movimentação de materiais de pós-consumo (no final de sua vida útil) e de pós-venda (devolvidos por erros comerciais, problemas de garantia, entre outros), desde o seu descarte por parte do consumidor final, até sua reintegração ao ciclo de negócios e/ou produtivo, sem causar maiores impactos ambientais.

De forma geral, as legislações ambientais relacionadas com resíduos sólidos são uma reação aos impactos ambientais causados pelos excessos desses resíduos, seja em função das dificuldades cada vez maiores de se dispor deles, ou do impacto negativo causado ao meio ambiente. Em razão disso, legislações mais rigorosas e maior conscientização dos consumidores e dos empresários em relação aos danos ambientais têm levado as empresas a reverem a responsabilidade sobre seus produtos após o uso, sendo a Europa, em especial a Alemanha, a pioneira em legislações sobre o descarte de produtos consumidos. Tendo em vista as pressões legais e sociais, as atividades reversas e a gestão sustentável da organização podem se tornar um fator de clara vantagem competitiva para as empresas que se dispuserem a tais práticas.

Nesse sentido, cada vez mais as empresas vêm formando associações que incentivam a reciclagem e o reúso, e investindo de maneira educacional em programas de conscientização da sociedade para os problemas ambientais, o que fortalece as legislações locais, garante a continuidade dos negócios e defende sua imagem corporativa. Por outro lado, a crescente preocupação do consumidor com os danos que os produtos podem causar ao planeta tem contribuído intensamente para que a logística reversa seja implementada nas empresas. Em decorrência desses esforços, as empresas tendem a se comprometer ativamente com os problemas causados ao meio ambiente, introduzindo o problema ambiental nos canais de distribuição reversos e na atuação da logística reversa, e contribuindo para estruturar e organizar esses canais.

ESTUDO DE CASO

O RTL DA PHILIPS BASEADO NA *WEB* REDUZ CUSTOS

Com a solução *Register Transfer Level* (RTL) baseada na *web*, a inovadora ação da Philips no B2B proporcionou um método mais eficaz e eficiente em termos de custo para a manipulação de mercadorias da logística reversa. E. Rowley, gerente de operações da Philips Consumer Lifestyle, Philips New Zealand Ltd., nos diz:

> Retornos do produto nos custou centenas de milhares de dólares a cada ano. E isso é só para a logística reversa, e não inclui o custo de qualquer conserto posterior e perda de margem, como resultado de demolição ou vender o produto como um segundo mercado. A maior parte desses custos está no trabalho associado com os retornos de processamento e transporte relacionado. Com números como estes, a logística reversa, a arte e a ciência de serviços ao cliente pós-venda têm sido um foco importante para nós, como nós olhamos para reduzir custos e aumentar a eficiência, e acrescenta [...] o telefone e o *e-mail* de pedidos para o nosso *call center* interno praticamente desapareceram, e isso ocorre normalmente quando se está no período mais movimentado do ano. [...]
>
> O que antes era uma parte significativa da nossa atividade de *call center* foi eliminada, e a equipe agora pode obter a autorização *on-line* para um retorno de produtos. O sistema RTL organiza o transporte e fornece números de autorização no local – sem qualquer intervenção de nossa parte. É porque o RTL leva-os com toda a informação necessária antes que eles possam concluir a transação, a precisão das ações do sistema, que atualmente se aproxima de 100%.

A economia esperada como resultado da implementação do RTL seria de mais de US$ 100.000 por ano. Simplificar procedimentos de retorno foi o ponto alto do RTL. Apesar de a Philips ter uma política bem desenvolvida, a garantia de que todos os envolvidos na cadeia da logística reversa fosse seguida ao pé da letra era um grande problema. Rowley enfatiza que:

> As políticas foram todas revistas, mas mantendo todas as partes legais do processo e todos foram treinados e atualizados com os procedimentos, é um processo demorado e caro. Com o grande número de lojas e funcionários, o processo de atualização dos manuais e das políticas torna-se caro e sempre é demorado no processo logístico reverso.

Com o RTL, o sistema avisa o funcionário sobre o que retorna do varejo, com todas as informações pertinentes, permitindo continuar até que todos os campos estejam preenchidos corretamente. Existe até mesmo um *menu drop-down* com uma série de perguntas destinadas a eliminar problemas comuns e evitar uma operação incorreta. Isso ajuda a reduzir erros, comuns com retorno de produtos ou lotes para a reparação.

Os clientes estão felizes com o processo de tomada de decisão, que é imediato; os funcionários estão mais felizes porque o RTL minimiza o tempo que têm para gastar em atividades de rendimentos, o que significa mais tempo para outras atividades de maior valor! O varejista está feliz, pois significa que qualquer crédito devido é processado e aplicado à sua conta muito mais rápido, e estamos felizes porque estamos reduzindo nossos custos e aumentando nossa eficiência.

Em razão de o RTL ser baseado na *web*, pode-se fazer qualquer alteração, como a adição de um novo produto ou modificação de um procedimento especial a partir do sistema centralizado, e passá-los imediatamente a todos os ramos. Antes do RTL, as mudanças demandavam um longo processo. Agora, é quase instantâneo e o trabalho ficou mais fácil. As equipes de varejo de hoje são mais esclarecidas quanto à tecnologia e podem facilmente acompanhar em um PC, em vez de um pesado livro (manual de política) que cobre vários fornecedores. Estamos muito impressionados com a forma como o RTL tem funcionado para nós e acredito fortemente que o RTL vai ter um grande futuro no ambiente da logística reversa. Os retornos são um fato, uma nova vida para os varejistas. Para qualquer empresa que oferece uma política de devolução de produtos, o RTL pode ser pago por seus custos reduzidos quase que imediatamente, como foi o caso da Philips.

Questões para discussão:

1. Qual foi o mérito do sistema RTL?
2. Qual foi o motivo da implantação do RTL? Justifique.
3. Quais foram as dificuldades de sua implementação?
4. Quais são os benefícios proporcionados pelo RTL?
5. Qual é seu parecer sobre o RTL e seus resultados?

QUESTÕES para revisão

1. Explique o que é logística reversa.
2. Como funciona a logística reversa?
3. Qual a diferença entre a logística reversa e a logística verde?
4. Qual a importância da logística reversa?
5. Explique o que são processos e fluxos reversos.
6. Explique o que são embalagens retornáveis.
7. Explique o que são embalagens recicláveis.
8. Quais são os benefícios das embalagens retornáveis?
9. Qual é a importância da Política Nacional de Resíduos Sólidos (PNRS)?
10. Quais são as sete ações importantes da PNRS?

Capítulo 3

GESTÃO DE MATERIAIS

Assista ao vídeo do autor sobre este Capítulo.

Atualmente, uma das mais importantes funções da gestão moderna de administrar a área de materiais está relacionada com o processo de controle de níveis de estoques. Lógica e racionalidade podem ser aplicadas com sucesso nas ações de resolução de problemas que afetam os estoques. As empresas de manufaturas, armazenagem e de distribuição devem se preocupar com o controle de estoques, visto que as provisões afetam de maneira bem definida o resultado financeiro de uma empresa.

Cabe a este setor o controle das disponibilidades e necessidades totais do processo produtivo, envolvendo não só os almoxarifados de matérias-primas e auxiliares, como também os intermediários e os de produtos acabados. Seu objetivo vai além de não faltar material ao processo de fabricação, o que ocasiona alta imobilização dos recursos financeiros. Embora isso pareça contraditório, as modernas filosofias japonesas nos mostram como conciliar perfeitamente essa situação.

3.1 FUNÇÕES DO ESTOQUE

O termo **controle de estoques**, dentro da logística, é em função da necessidade de estipular os diversos níveis de materiais e produtos que a organização deve manter dentro de parâmetros econômicos. Esses materiais e produtos que compõem os estoques são: matéria-prima, material auxiliar, material de manutenção, material de escritório, material e peças em processos e produtos acabados. E a razão pela qual deve ser tomada uma decisão acerca das quantidades dos materiais a serem mantidos em estoques está relacionada com os custos associados tanto ao processo como à estocagem. Devemos nos preocupar e determinar quais são os níveis para cada item que poderemos manter economicamente.

Portanto, a função principal da gestão moderna de administrar estoques é maximizar o uso dos recursos envolvidos na área logística da empresa, e com grande efeito, dentro das áreas de estocagem. O gestor, porém, irá se deparar com um terrível *trade-off*, que é o causador da inadequada gestão de materiais, percebida em inúmeras empresas, e que traz grandes problemas quanto às necessidades de capital de giro da empresa, bem como o custo que o envolve.

Por um lado, procura-se manter um volume de materiais e produtos em estoque para atender à demanda de mercado, bem como suas variações, servindo o estoque como um pulmão, e, por outro, busca-se a minimização dos gastos nos vários tipos de estoques, reduzindo, assim, os investimentos neste setor. Sabemos que quando temos estoques elevados, para atender plenamente a demanda, eles demandam a mobilização de alto capital de giro, o que produz elevados custos. No entanto, baixos estoques podem acarretar, se não forem adequadamente administrados, custos difíceis de serem contabilizados em face de atrasos de entrega, replanejamento do processo produtivo, insatisfação do cliente e, principalmente, perda de cliente.

A atenção especial da gestão moderna de materiais é satisfazer as necessidades dos sistemas de operação, tais como uma linha de produção na manufatura, ou um processo operacional de banco, hospital, na área de serviços. Essas necessidades derivam das curvas de demanda dos clientes, das atividades de promoção e dos programas e planos de distribuição física. Essas necessidades são convertidas em programas e planos de produção ou operação.

As necessidades dos clientes são transformadas em sistemas de produção, ou sistemas de operações, que são convertidos em necessidades de estoques e, por sua vez, em ordens de compra. No setor de compras, são selecionados os fornecedores que atingem os requisitos de preço, entrega e qualidade exigidos. Importantes informações logísticas, como quantidade a ser embarcada, destino de entrega e data requerida para entrega, constam da ordem de compra. Depois de efetivada a ordem de compra, o fornecedor processa e prepara essa ordem para entregar o material para a empresa compradora, conforme preços e prazos acordados. Se o transporte está incluído no preço, geralmente o próprio fornecedor realiza sua contratação; caso contrário, o comprador tratará desse sistema. Após a recepção do material, este é submetido à inspeção de qualidade e colocado no estoque até ser necessário para as operações. Este, portanto, é o ciclo usual de materiais.

Quando os bens necessários para atender as solicitações de mercado não estão disponíveis nos momentos exatos e corretos, fica evidente a importância de uma moderna gestão de materiais para a plena satisfação do cliente e o sucesso empresarial. É desnecessário dizer que os requisitos de nível de serviço são particularmente altos para o suprimento de matéria-prima, até mesmo quando todos os requisitos de produção são atendidos. Uma administração inadequada de estoques, por exemplo, envolve altos custos de transporte de materiais que devem ser expedidos para atender à programação da produção, níveis excessivos de estoques de matérias-primas e peças de reposição para garantir disponibilidade de efetivos e equipamentos operando, ou altos custos de comunicação para transmissão e acompanhamento dos pedidos.

Na gestão moderna de materiais, a movimentação de suprimentos é coordenada com as exigências de produção. Isso significa aplicar o conceito de custo total às atividades de suprimento logístico de modo a obter vantagem da contraposição da curva de custo, ou seja, o objetivo maior da administração de materiais é prover o material certo, no local de produção certo, no momento certo e em condição utilizável a um custo mínimo para a plena satisfação do cliente e dos acionistas. Além do transporte, da manutenção de estoques e do processamento de pedidos, uma série de outras atividades compõe o ciclo básico da administração logística, quais sejam: obtenções, embalagem de proteção, armazenagem, manuseio de materiais e manutenção de informações.

Os princípios da gestão moderna de materiais e suas atividades são os mesmos, tanto no suprimento como na distribuição; apenas a natureza do produto muda. Em organizações competitivas, a visão moderna de logística agrega o sistema de suprimento e de distribuição dentro de uma única gerência. Historicamente, as empresas não se preocupavam em integrar a administração do fluxo de produtos desde fornecedores ou fontes de matérias-primas até o cliente final. E isso ainda tem sido verificado, inclusive em organizações que contam com práticas sofisticadas de distribuição física.

Diferenças no tipo de transporte utilizado, necessidades de armazenagem e características dos produtos muitas vezes servem para justificar a separação entre a administração do suprimento de materiais e a da distribuição física. A administração integrada, no entanto, pode melhorar a coordenação das atividades, diminuir o custo administrativo e maximizar os recursos; a logística nos ensina a compartilhar melhor as responsabilidades de administração de materiais e de distribuição física dentro da organização, minimizando os custos e maximizando os recursos.

3.2 POLÍTICAS DE ESTOQUES

Uma das atividades mais importantes dentro da gestão moderna de administrar materiais corresponde a planejar e controlar estoque para atender demandas com o menor custo e o máximo de satisfação do cliente. É necessário, a partir de uma política bem definida, ter uma forte preocupação com os problemas quantitativos e financeiros dos materiais, sejam eles matérias-primas, materiais auxiliares, materiais em processo ou produtos acabados.

Cabe a esse setor o controle das disponibilidades e das necessidades totais do processo produtivo, envolvendo não só os almoxarifados de matérias-primas e auxiliares, como também os intermediários e os de produtos acabados.

O planejamento de estoque é essencial para o resultado financeiro de uma empresa, com alto impacto no custo do produto. Dentro das múltiplas atuações do planejamento dos estoques, e pelo fato de sua atual configuração estar acompanhando *pari passu* os volumes e projeções de vendas e o processo de manufatura, o sistema deve ser atualizado constantemente e ter flexibilidade para acompanhar as constantes mudanças de mercado.

3.3 SISTEMA DE ARMAZENAGEM

O processo de armazenagem e, consequentemente, o manuseio e o controle dos produtos são componentes importantes e essenciais do sistema logístico, pois os componentes de seus custos envolvem elevada porcentagem do custo total logístico de qualquer empresa. Focalizaremos, assim, as necessidades de controle e usos alternativos, bem como seus custos, do espaço físico necessário para armazenar materiais e produtos.

Uma questão importante a ser discutida: é conveniente para as organizações alocarem grandes espaços físicos para armazenagem e estocagem? Sabemos quão difícil é especificar a demanda com precisão e garantir que os fornecedores jamais atrasem em seus compromissos, fatores que acarretam problemas ao fato intrínseco da existência de uma empresa, o cliente. Podemos, porém, minimizar esse espaço, para que os estoques sejam os menores possíveis, reduzindo, assim, os custos totais de armazenagem que envolvem materiais, movimentação, equipamentos e pessoas.

Em razão desses intervenientes, os custos de armazenagem devem ser tratados em conjunto com as variáveis que afetam os custos de produção-distribuição, para obter o menor custo total logístico. Com isso, buscamos reduzir os custos produtivos, com melhor balanceamento da produção, utilizando os estoques que absorvem as flutuações de demanda. Além disso, os estoques podem servir como redutor dos custos de transportes, pois permitem o uso de quantidades econômicas de transportes, conforme mostra a Figura 3.1.

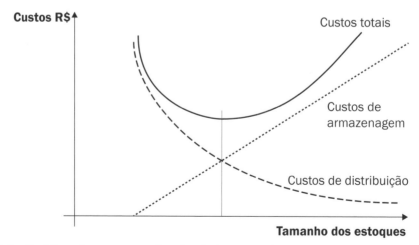

Figura 3.1 Padrões de custos em função do lote econômico.

Muitas empresas justificam a existência de um espaço físico para armazenagem relativamente grande e, por consequência, elevados estoques com os argumentos de que:

(i) são fortes redutores de custos de transportes e de produção; (ii) auxiliam o marketing e o atendimento ao cliente; e (iii) coordenam, mais facilmente, a área de suprimentos. Nos dias atuais, porém, muitas organizações estão evitando ou minimizando as necessidades de estoques, com a aplicação, com êxito, da filosofia *Just-in-Time*.

O *Just-In-Time* (JIT) é o ajuste de suprimentos e demanda no tempo e na quantidade certa, ou seja, matéria-prima e produtos devem chegar no momento justo em que são necessitados. Entretanto, é de suma importância que a demanda por produtos acabados seja conhecida com alto grau de precisão e com fornecedores confiáveis a fim de obter um suprimento adequado à demanda. Não obstante o fato de muitas empresas necessitarem de materiais importados que exigem longos tempos de transporte, descontos em compra de grandes lotes, haverá necessidade de estocar e de armazéns para guardá-los.

Armazenagem e manuseio de mercadorias são componentes essenciais no conjunto de atividades logísticas. Seus custos podem absorver de 20 a 40% das despesas logísticas de uma firma. Ao contrário do sistema de transporte, que ocorre entre locais e tempos diferentes, a armazenagem e o manuseio de materiais acontece, na grande maioria das vezes, em algumas localidades fixadas. Portanto, os custos dessas atividades estão intimamente associados à seleção desses locais.

A estocagem na linha de operação ou ponto de uso é utilizada para reduzir a distância entre a estocagem e o cliente do material estocado, e distâncias reduzidas permitem entrega mais rápida de material. Portanto, com múltiplos pontos de uso, isto é, estocar menos centralmente, passa a ser mais eficaz.

O sistema de estocagem envolve mais do que simplesmente estocar material. Envolve os fatores de necessidade de espaço, estruturas de estocagem, corredores e contentores. Como resultado, em um sistema estrutural porta-paletes que tenha um bom projeto, é comprovado estatisticamente que o material que este estocado representar, em média, é menos que 30% do volume do espaço total utilizado. À medida que o custo do espaço aumenta, torna-se óbvio que estocar menos reduz drasticamente os custos.

3.4 TIPOS DE MATERIAIS

Existem diversos tipos ou nomes de estoques ou de materiais que podem ou não ser mantidos em um ou diversos almoxarifados. Usualmente, as empresas possuem em sua organização cinco almoxarifados básicos, que são:

- almoxarifado de matérias-primas;
- almoxarifado de materiais auxiliares;
- almoxarifado de manutenção;
- almoxarifado intermediário;
- almoxarifado de produtos acabados.

ALMOXARIFADO DE MATÉRIAS-PRIMAS

Por matéria-prima entende-se, em geral, o material básico que irá receber um processo de transformação dentro da fábrica, para, posteriormente, entrar no estoque de acabados como um produto final. Pode ser um laminado de aço, uma chapa, um tarugo fundido, uma madeira ou resina, pós, uma peça comprada etc. Em resumo, são todos os materiais que se agregam ao produto, fazendo parte de seu estado. Podem ser também itens comprados prontos ou já processados por outra unidade ou empresa.

ALMOXARIFADO DE MATERIAIS AUXILIARES

Compõe-se dos agregados que participam do processo de transformação da matéria-prima dentro da fábrica, tais como: rebolos, lixas, bedames, óleos, ferramentas etc. É o material que ajuda e participa na execução e transformação do produto, porém não se agrega a ele, embora imprescindível no processo de fabricação.

ALMOXARIFADO DE MANUTENÇÃO

Esse estoque é onde estão as peças que servem de apoio à manutenção dos equipamentos e edifícios, tais como rolamentos, parafusos, peças, ferramentas etc. Normalmente, aqui estão também os materiais de escritório, usados na empresa (papel, caneta etc.).

ALMOXARIFADO INTERMEDIÁRIO

Também conhecido como peças em processos (*Work in Process* – WIP), esses estoques podem ou não ser restritos, isto é, possuir espaços delimitados e controlados; por isso, têm um fator altamente influente no custo do produto. Integram esses almoxarifados as peças que estão em processo de fabricação, ou em subconjuntos, que são armazenados para compor o produto final. O volume desse estoque é normalmente resultante de planejamento do estoque de matéria-prima e do planejamento da produção.

ALMOXARIFADO DE PRODUTOS ACABADOS

Esse é o estoque dos produtos prontos e embalados que serão enviados aos clientes. O resultado do volume desse estoque é função da credibilidade de atendimento da empresa e do planejamento dos estoques de matéria-prima e em processos. Percebemos que, à medida que os estoques de entrada e em processos aumentam, esse estoque também aumenta. Seu bom planejamento e seu controle também são de suma importância, visto que todo material parado em estoque está onerando o custo do produto, além de mostrar forte sujeição à obsolescência.

3.5 PREVISÕES DE ESTOQUES (DEMANDA)

A previsão de estoques, normalmente, é fundamentada nos informes fornecidos pela área de vendas, onde são elaborados os valores de demandas de mercado e providenciados os níveis de estoque. Muitas vezes, porém, o setor de logística, em específico a administração de estoques, precisa prover os fornecedores dos volumes precisos para atender a uma demanda que ainda não foi definida ou acertada pela área de vendas, mas que o sistema de suprimentos necessita estar processando. Então, caberá ao administrador de estoque prever a demanda e informar aos fornecedores de materiais para que o processo produtivo não sofra processo de descontinuidade e, assim, clientes sejam plenamente atendidos.

A previsão das quantidades que o mercado irá necessitar é uma tarefa importantíssima no planejamento empresarial, e, em função disso, devem-se alocar métodos e esforços adequados em seu diagnóstico. A previsão deve levar sempre em conta os fatores que mais afetam o ambiente e que tendem a mobilizar os clientes. Informações básicas e confiáveis de toda a dinâmica de mercado deverão ser utilizadas para estabelecer quais são as quantidades e os prazos. No processo de previsão, como nos apresenta Dias (2005), devem ser consideradas duas categorias de informações: quantitativas e qualitativas.

As informações quantitativas referem-se a volumes e são decorrentes de condições que podem afetar a demanda, tais como:

- influência da propaganda;
- evolução das vendas no tempo;
- variações decorrentes de modismos;
- variações decorrentes da situação econômica;
- crescimento populacional.

As informações qualitativas estão relacionadas com as fontes de obtenção de dados que podem afetar a demanda, de modo a se obter valores confiáveis das variáveis. É a busca de informes de pessoas com grande conhecimento do assunto e especialistas, tais como:

- opinião de gerentes;
- opinião de vendedores;
- opinião de compradores;
- pesquisa de mercado.

As informações quantitativas e qualitativas, por si só, não são suficientes, sendo necessária a utilização, em conjunto, de modelos matemáticos para uma melhor precisão dos dados desejados, na busca de minimizar os custos envolvidos e aperfeiçoar os resultados pretendidos. A previsão de demanda é a tentativa de acertar o desejo do mercado em um futuro bem próximo, e os gráficos de demanda também ajudam nesta tarefa.

Na vida prática das empresas, podem ocorrer combinações de diversos modelos de evolução de demanda, em função das variáveis que as influenciam, mas muito mais em função da qualidade da administração empresarial efetivada. Conhecendo a evolução da demanda, fica mais fácil elaborar a previsão futura de demanda, e, para isso, pode-se utilizar os diversos modelos disponíveis. Aqui, todavia, vamos abordar os mais justificáveis para a atualidade empresarial: **Método da Média Aritmética**, **Método da Média Ponderada**, **Método da Média com Suavização Exponencial** e o **Método da Média dos Mínimos Quadrados**.

44 | Logística e Gerenciamento da Cadeia de Suprimentos • Pozo

3.5.1 Método da Média Aritmética (MMA)

Neste método, a previsão do próximo período é obtida por meio do cálculo da média aritmética do consumo dos períodos anteriores. O resultado deste modelo nos mostrará valores menores que os ocorridos caso o consumo tenha a tendência crescente, e maiores se o consumo tiver tendência decrescente nos últimos períodos. Esse modelo também é bastante utilizado por empresas pequenas e por administradores sem profundo conhecimento técnico em materiais.

A fórmula para este método é:

$$P\,(MMA) = (C1 + C2 + C3 + ... + Cn) \div n \tag{1}$$

em que:

$$P\,(MMA) \;\; = \text{previsão do método da média aritmética;}$$
$$C1, C2, C3, Cn \;\; = \text{consumo nos períodos anteriores;}$$
$$n \;\; = \text{número de períodos.}$$

Para entendermos seu procedimento, vamos ver o Exemplo 3.1.

EXEMPLO 3.1

Uma empresa de peças automotivas apresentou, neste ano, o seguinte volume de vendas para seu produto "Bomba Injetora xtec": janeiro, 250; fevereiro, 220; março, 265; abril, 280; maio, 285; junho, 290; e julho, 300 unidades. Calcule a previsão de demanda para agosto.

Para o cálculo da previsão de agosto, no caso do Exemplo 3.1, utilizaremos os dados de janeiro a julho, que correspondem a sete períodos.

$$P\,(MMA) = (C1 + C2 + C3 + . . . + Cn):$$

$$P\,agosto\,(MMA) = \frac{250+220+265+280+290+300}{7}$$

$$P\,agosto\,(MMA) = \frac{1890}{7} = 270$$

$$P\,(MMA) = 270.$$

Logo, a previsão para agosto será de 270 unidades.

Poderíamos também utilizar, por exemplo, somente os quatro últimos períodos, e teríamos a seguinte previsão para agosto:

$$P\,(MMA) = (C1 + C2 + C3 + . . . + Cn) \div n$$

$$P\,agosto\,(MMA) = \frac{280+285+290+300}{4}$$

$$P \text{ agosto (MMA)} = \frac{1155}{4} = 288{,}75$$

P (MMA) = 288,75 unidades (como não se vende parte de uma peça, arredondamos)

P (MMA) = 289 ∴ a previsão de agosto será de 289 unidades.

3.5.2 Método da Média Ponderada (MMP)

Neste método, a previsão do próximo período é obtida por meio da ponderação dada a cada período, sendo que o período mais próximo recebe peso maior, e vamos reduzindo os pesos para os períodos mais distantes. A soma das ponderações deve ser sempre 100%. Os valores das ponderações, como regra geral, devem ter um peso de 40 a 60% para o período mais recente e, para o último período, 5%. Essa alocação será sempre função da sensibilidade do administrador em relação às variáveis e mudanças de mercado. Tal modelo tende a eliminar algumas das fragilidades apresentadas no modelo anterior. Utilizando o mesmo exemplo, teremos:

A fórmula para este método é:

$$P \text{ (MMP)} = \sum_{i=1}^{n} Ci \times Pi \qquad (2)$$

Simplificando a Fórmula 2, teremos a Fórmula 2.1:

$$P \text{ (MMP)} = (C1 \times P1) + (C2 \times P2) + (C3 \times P3) + \ldots + (Cn \times Pn) \qquad (2.1)$$

com:

P (MMP) = Previsão próximo período – Método da média ponderada;

C1, C2, C3, Cn = consumo nos períodos anteriores;

P1, P2, P3, Pn = ponderação dada a cada período.

Para o cálculo da previsão de agosto, no caso do Exemplo 3.2, utilizaremos os dados de janeiro a julho, que correspondem a sete períodos.

EXEMPLO 3.2

Uma empresa de peças automotivas apresentou, neste ano, o seguinte volume de vendas para seu produto "Bomba Injetora xtec": janeiro, 250; fevereiro, 220; março, 265; abril, 280; maio, 285; junho, 290; e julho, 300 unidades. Calcule a previsão de demanda para agosto.

Neste exemplo, temos sete períodos e daremos as seguintes ponderações para os últimos quatro meses, sendo a ponderação maior para o período mais recente: julho, 70%; junho, 15%; maio, 10%; abril e março, 5%.

46 | Logística e Gerenciamento da Cadeia de Suprimentos • Pozo

P (MMP) = (C1 × P1) + (C2 × P2) + (C3 × P3) + (C4 × P4) + (C5 × P5) + (C6 × P6) + (C7 × P7)

P (MMP) = (300 × 0,7) + (290 × 0,15) + (285 × 0,10) + (280 × 0,05)

P (MMP) = (210) + (43,5) + (28,5) + (14) = 296

P (MMP) = 296 ∴ a previsão de agosto será de 296 unidades.

3.5.3 Método da Média com Suavização Exponencial (MMSE)

Neste método, a previsão do próximo período é obtida mediante a ponderação dada ao último período, e teremos de utilizar também a previsão do último período. Esse modelo procura eliminar as variações exageradas que ocorreram em períodos anteriores. É um modelo simples de usar e, além de ser autoadaptável, necessita de poucos dados acumulados, corrigindo-se constantemente de acordo com as mudanças nos volumes das vendas. A ponderação utilizada é denominada constante de suavização exponencial, que tem o símbolo (@), e pode variar de $1 \geq @ \geq 0$. Na utilização prática, nas empresas @ tem geralmente um valor que varia de 0,3 a 0,4, dependendo dos fatores que estão afetando a demanda. Utilizando o mesmo exemplo anterior, teremos:

A fórmula para este método é:

$$P (MMSE) = [(Ra \times @) + (1 - @) \times Pa] \qquad (3)$$

sendo:

$$
\begin{aligned}
P (MMSE) &= \text{previsão do próximo período;} \\
Ra &= \text{consumo real no período anterior;} \\
Pa &= \text{previsão do período anterior;} \\
@ &= \text{constante de suavização exponencial.}
\end{aligned}
$$

Para o cálculo da previsão de agosto, no caso do Exemplo 3.3, utilizaremos somente os dados de julho e @.

EXEMPLO 3.3

Uma empresa de peças automotivas apresentou, neste ano, o seguinte volume de vendas para seu produto "Bomba Injetora xtec": janeiro, 250; fevereiro, 220; março, 265; abril, 280; maio, 285; junho, 290; e julho, 300. Sabendo que a previsão de julho foi de 310 unidades, calcule a previsão de demanda para agosto, com uma constante de suavização exponencial de 0,15.

Cálculo:

P (MMSE) = [(Ra × @) + (1 − @) × Pa]

P (MMSE) = [(300 × 0,15) + (1 − 0,15) × 310]

P (MMSE) = [(45) + (0,85) × 310]

P (MMSE) = [(45) + 263,5] = 308,5

P (MMSE) = 308,5 ∴ a previsão para agosto, como não existe meia peça, será de 309 unidades.

O método da média com suavização exponencial permite obter um padrão de condução das previsões com valores bem próximos da realidade. Assim, as vendas reais e as previsões seguem uma tendência que facilita as projeções do administrador. É um bom modelo quando somente trabalhamos com ele. No gráfico da Figura 3.2, é possível verificar o comportamento real das vendas e as previsões suavizadas exponencialmente.

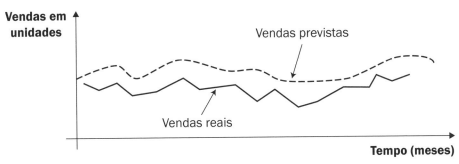

Figura 3.2 Curva da previsão das médias suavizadas exponencialmente e vendas reais.

3.5.4 Método da Média dos Mínimos Quadrados (MMMQ)

Este modelo é o que melhor nos orienta para fazermos uma previsão, pois é um processo de ajuste que tende a aproximar-se dos valores existentes minimizando as distâncias entre cada consumo realizado. A vantagem deste modelo está no fato de ele basear-se na equação da reta [$Y = a + bx$] para calcular a previsão de demanda, o que permite traçar uma tendência bem realista do que poderá ocorrer com a projeção da reta. Usando a equação da reta, temos de calcular os valores de "a" e "b".

A fórmula para este método é:

$$P (MMMQ) = a + bx \qquad (4)$$

em que:

a = valor a ser obtido na equação normal por meio da tabulação dos dados;

b = valor a ser obtido na equação normal mediante a tabulação dos dados;

x = quantidades de períodos de consumo utilizados para calcular a previsão.

Porém, para calcularmos os termos a e b, é necessário tabular os dados existentes para preparar as equações normais, dadas pela Fórmula 5:

$$\Sigma Y = (n \times a) + (\Sigma x \times b) \qquad (5.1)$$

$$\Sigma XY = (\Sigma x \times a) + (\Sigma x^2 \times b) \qquad (5.2)$$

(5.1) e (5.2) = valores a serem obtidos na equação normal por meio da tabulação dos dados, conforme a Tabela 3.1.

48 | Logística e Gerenciamento da Cadeia de Suprimentos • Pozo

Para o cálculo da previsão de agosto, no caso do Exemplo 3.4, utilizaremos os dados de janeiro a julho, que correspondem a sete períodos.

EXEMPLO 3.4

A empresa XPTO apresentou, neste ano, o seguinte volume de vendas para seu produto "Grade protetora": janeiro, 2.500; fevereiro, 2.200; março, 2.650; abril, 2.800; maio, 2.850; junho, 2.900; e julho, 3.000. Calcule a previsão de demanda para agosto.

Tabulando os dados do exemplo, em que temos as vendas mensais da grade protetora de: 2.500, 2.200, 2.650, 2.800, 2.850, 2.900 e 3.000 unidades, teremos os valores alocados como na Tabela 3.1.

Tabela 3.1 Tabulação dos dados de vendas para elaborar as equações normais

n Quant. Per.	Períodos	Y	X	X^2	$X \times Y$
1	janeiro	2.500	0	0	0
2	fevereiro	2.200	1	1	2.200
3	março	2.650	2	4	5.300
4	abril	2.800	3	9	8.400
5	maio	2.850	4	16	11.400
6	junho	2.900	5	25	14.500
7	julho	3.000	6	36	18.000
7	Σ	18.900	21	91	59.800

Montaremos a seguir as equações normais baseadas na Tabela 3.1 e usando as seguintes fórmulas:

$$\Sigma Y = (n \times a) + (\Sigma x \times b) \tag{5.1}$$

$$\Sigma XY = (\Sigma x \times a) + (\Sigma x^2 \times b) \tag{5.2}$$

Então, teremos:

$$(5.1)\ 18.900 = 7a + 21b$$

$$(5.2)\ 59.800 = 21a + 91b$$

Observamos duas equações com duas incógnitas (a e b) e teremos de resolvê-las simultaneamente. E, para resolvê-las, precisamos eliminar uma das incógnitas; para isso, iremos igualar, numericamente, o coeficiente de a ou b, o que for mais fácil, porém com sinais opostos. Neste exemplo, vamos igualar o coeficiente de a multiplicando toda a equação (5.1) por –3, conforme se segue:

$$18.900 = 7a + 21b\ (-3)$$

$$59.800 = 21a + 91b$$

Com o resultado obtido, somam-se as equações:

$$-56.700 = -21a + -63b$$

$$59.800 = 21a + 91b$$

$$3.100 = 28b$$

Temos, agora, uma equação com uma incógnita, e iremos resolvê-la:

$$3.100 = 28b$$

$$b = \frac{3.100}{28} \therefore b = 110,7$$

Achando uma das incógnitas, iremos calcular a outra usando qualquer uma das duas equações normais; neste caso, é mais simples usar a equação (5.1):

$$18.900 = 7a + 21b$$

$$18.900 = 7a + 21(110,7)$$

$$18.900 - 2.324,7 = 7a$$

$$16.575,3 = 7a$$

$$a = \frac{16.575,3}{7} \therefore a = 2.367,9$$

Obtendo os valores de a e b na equação normal, e como já temos o valor de x, que é a quantidade de períodos, podemos, então, calcular a previsão de agosto com a Fórmula 6:

$$P\,(MMMQ) = a + bx \tag{6}$$

$a = 2.367,9$
$b = 110,7$
$x = 7$

$$P\,(MMMQ) = 2.367,9 + (110,7 \times 7)$$

$$P\,(MMMQ) = 2.367,9 + 774,9$$

$$P\,(MMMQ) = 3.142,8 \text{ (como não se vende meia peça, arredondamos)}$$

$P\,(MMMQ) = 3.143$ unidades.

3.6 ESTOQUE DE SEGURANÇA

Também conhecido por estoque mínimo ou estoque reserva, o estoque de segurança é a quantidade mínima de peças que tem de existir no estoque de modo a cobrir as possíveis variações do sistema, que podem ser: eventuais atrasos no tempo de fornecimento (TR) pelo fornecedor, rejeição do lote de compra ou aumento na demanda do produto. Sua finalidade consiste em não afetar o processo produtivo e, principalmente, não acarretar transtornos aos clientes por falta de material e, consequentemente, atrasar a entrega do produto ao mercado.

Um fato importante refere-se ao valor do estoque de segurança, visto que o ideal é termos esse estoque igual a zero, porém, sabemos que, em uma organização, os materiais não são utilizados em uma taxa uniforme, e também que o tempo de reposição para qualquer produto não é fixo e garantido por nossos fornecedores em razão das variáveis de mercado. Sob esses aspectos, fica muito difícil estabelecer como zero o estoque de segurança, porém não impossível.

Então, como estamos envolvidos com a realidade das organizações e as variáveis ambientais, necessitamos estabelecer um estoque que garanta a continuidade do processo produtivo em razão dos fatos aqui mencionados. Por exemplo, o produto de uma empresa tem um consumo mensal de 6.000 unidades, o tempo de reposição de sua matéria-prima é de 15 dias e não há estoque de segurança. Se esse processo fosse sempre constante, a empresa colocaria um pedido de 3.000 unidades quando seu estoque estivesse com saldo de 3.000 unidades, e o novo pedido chegaria no momento exato em que o estoque chegasse a zero, que seria, nesse caso específico, o estoque de segurança, que é o ideal.

Na realidade, porém, o que ocorre é bem diferente. Se, por exemplo, determinado pedido atrasasse dez dias, a empresa ficaria um terço do mês sem material para produzir seu produto e atrasaria a entrega ao cliente. Se ocorrer um aumento da demanda em 20%, por exemplo, novamente, haveria atrasos na entrega do produto. Em ambos os casos, teríamos um aumento dos custos, prejudicando, assim, a imagem da empresa junto ao mercado.

A situação mais cômoda consiste em adotar um estoque de segurança para suprir toda e qualquer variação do sistema; porém, isso implica custos elevadíssimos e que talvez a empresa possa não suportar. Então, a solução é determinar um estoque de segurança que possa otimizar os recursos disponíveis e minimizar os custos envolvidos. Assim, teremos um estoque de segurança que irá atender a fatos previsíveis dentro de seu plano global de produção e sua política de grau de atendimento. Para definir o nível do estoque de segurança, existem alguns modelos matemáticos para essa finalidade, porém iremos abordar somente o Método com Grau de Atendimento Definido, por ser o mais rigoroso e que melhor atende as necessidades de mercado.

3.6.1 Método com Grau de Atendimento Definido (MGAD)

Este modelo visa determinar um estoque de segurança baseado em um consumo médio do produto durante certo período e um atendimento da demanda não em sua totalidade, mas em certo grau de atendimento. Por esse método é possível comparar, em termos percentuais e financeiros, as diversas alternativas de grau de atendimento, decidindo pelo que melhor atenda às políticas da empresa e o que causará menor impacto negativo para a empresa por não entregar todos os pedidos.

O cálculo do estoque de segurança envolve três etapas:

Primeira etapa: calcular o consumo médio (Cmd) conforme a Fórmula 7.

$$Cmd = (\Sigma\, C) \div n \qquad (7)$$

Segunda etapa: calcular o desvio-padrão (δ) conforme a Fórmula 8.

$$\delta = \sqrt{\dfrac{\displaystyle\sum_{i=1}^{n}(C - Cmd)^2}{n-1}} \qquad (8)$$

Terceira etapa: calcular o estoque de segurança (ES) conforme a Fórmula 9.

$$ES = \delta \times k \qquad (9)$$

em que:

Cmd = consumo médio mensal;

C = consumo mensal;

n = número de períodos;

δ = desvio-padrão;

k = coeficiente de risco (ver Tabela 3.3).

Para o cálculo do estoque de segurança, no caso do Exemplo 3.5, utilizaremos os dados de janeiro a julho, que correspondem a sete períodos.

EXEMPLO 3.5

A empresa XPTO apresentou, neste ano, o seguinte volume de vendas para o seu produto "Grade protetora": janeiro, 2.500; fevereiro, 2.200; março, 2.650; abril, 2.800; maio, 2.850; junho, 2.900 e julho, 3.000. Calcule o estoque de segurança com o grau de atendimento de 90%.

Para calcularmos o estoque de segurança, seguiremos as três etapas:

1. Calcular o consumo médio

Cmd = (Σ C) ÷ n

Cmd = (2.500 + 2.200 + 2.650 + 2.800 + 2.850 + 2.900 + 3.000) ÷ 7

Cmd = (18.900) ÷ 7

Cmd = 2.700 unidades

2. Calcular o desvio-padrão

Para este cálculo, necessitamos tabular os dados, conforme Tabela 3.2:

$$\delta = \sqrt{\dfrac{\displaystyle\sum_{i=1}^{n}(C - Cmd)^2}{n-1}}$$

Tabela 3.2 Tabulação das vendas para calcular o desvio-padrão

Período		C	[C – Cmd]	[C – Cmd]²
1	janeiro	2.500	–200	40.000
2	fevereiro	2.200	–500	250.000
3	março	2.650	–50	2.500
4	abril	2.800	100	10.000
5	maio	2.850	150	22.500
6	junho	2.900	200	40.000
7	julho	3.000	300	90.000
Cmd		**2.700**		**∑ 455.000**

3. Calcular o estoque de segurança

$ES = \delta \times k$

$ES = 275,38 \times 1,282$

$ES = 353$ unidades

Definindo o estoque de segurança, e considerando o estoque normal igual ao consumo médio, podemos calcular com essas informações, e com um grau de atendimento definido em 90%, qual será o volume máximo desse produto que poderemos vender, utilizando um lote de compra de 2.700 unidades (consumo médio no período) e um estoque de segurança de 353 unidades. Para o cálculo, faremos uso da fórmula derivada do cálculo de estoque de segurança com variação de demanda.

$$ES = (C - Cmd)$$

$$353 = (C - Cmd)$$

$$353 + 2.700 = C \therefore \textbf{C = 3.053 unidades}.$$

O volume máximo de vendas dessa peça, com grau de atendimento de 90%, será de 3.053 unidades. Ou seja, possivelmente deixaremos de atender a 10% de demanda.

Com este modelo do Exemplo 3.5, podemos comparar valores para atender ao mercado com maior ou menor grau de atendimento ao cliente, tomando decisão sobre custos e benefícios dos volumes de estoques. A Tabela 3.3 apresenta os valores de coeficientes k para os diversos riscos em porcentagem.

Tabela 3.3 Valores do coeficiente k para graus de atendimento com riscos percentuais

Risco %	k	Risco %	k	Risco %	k
52,00	0,102	80,00	0,842	90,00	1,282
55,00	0,126	85,00	1,036	95,00	1,645
60,00	0,253	86,00	1,085	97,50	1,960
65,00	0,385	87,00	1,134	98,00	2,082
70,00	0,524	87,50	1,159	99,00	2,326
75,00	0,674	88,00	1,184	99,50	2,576
78,00	0,775	89,00	1,233	99,90	3,090

3.7 AVALIAÇÃO DOS NÍVEIS DE ESTOQUES

A determinação do nível de estoque mais econômico possível para a empresa é uma questão muito importante. Sabemos que os custos de estoques são influenciados por diversos fatores, tais como volume, disponibilidade, movimentação, mão de obra e o próprio recurso financeiro envolvido, e, dependendo da situação, cada variável tem pesos que podem ter diversas magnitudes em razão da situação específica. Uma das técnicas utilizadas é o enfoque da dimensão do lote econômico para manutenção de níveis de estoques satisfatórios e que denominamos **sistema máximo-mínimo**.

O funcionamento do sistema máximo-mínimo, visto esquematicamente na Figura 3.3, é o seguinte: cada produto ou material receberá quatro informes básicos – estoque mínimo que se deseja manter (Emín), o momento em que novas quantidades da peça devem ser compradas (PP), tempo necessário para repor a peça (TR), a quantidade de peças que devem ser compradas, ou seja, o lote de compras (LC), e quando este lote comprado chega à fábrica, temos o estoque máximo (Emáx).

Quando emitimos um pedido de compra, decorre um espaço de tempo que vai desde o momento de sua solicitação no almoxarifado, colocação do pedido de compra, passando pelo processo de fabricação no fornecedor, até o momento em que o recebemos e o lote está liberado para a produção em nossa fábrica. Esse período é o tempo de reposição (TR), composto de três elementos: (1) tempo para elaborar e confirmar o pedido junto ao fornecedor; (2) tempo que o fornecedor leva para processar e entregar o pedido; e (3) tempo para processar a liberação do pedido em nossa fábrica.

Como podemos perceber, duas variáveis do TR (1 e 3) são dependentes de ações da própria empresa, e podemos reduzi-lo ao máximo possível, tendendo-o a zero. Quanto ao item (2), a variável do fornecedor, depende de uma boa negociação entre a empresa e ele, com vistas a também reduzi-lo ao menor tempo possível.

O ponto de pedido (PP) é a quantidade de peças que temos em estoque e que garante o processo produtivo para que não sofra problemas de continuidade, enquanto se aguarda a chegada do lote de compra, durante o tempo de reposição. Isso quer dizer que, quando determinado item de estoque atinge seu ponto de pedido, deveremos fazer o ressuprimento de seu estoque, colocando-se um pedido de compra. Para calcular o ponto de pedido, utiliza-se a Fórmula 10:

$$PP = (C \times TR) + ES \qquad (10)$$

sendo:

PP = ponto de pedido;

C = consumo normal da peça;

TR = tempo de reposição;

ES = estoque de segurança.

E isso nos possibilita a manutenção dos níveis de estoques estabelecidos, configurando um sistema automático de suprimentos da manutenção de estoques em que novas ordens são emitidas em função das variações do próprio nível de estoque. Assim, toda vez que o estoque fica abaixo do nível de ponto de pedido, é emitida uma requisição de compras para a peça em específico.

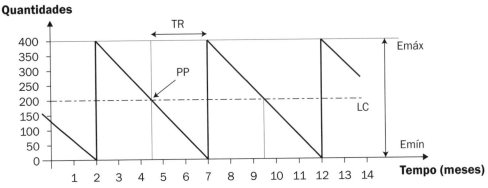

Figura 3.3 Características do sistema de controle de estoque máximo-mínimo.

Na Figura 3.3, temos:

TR = tempo de reposição da peça;

PP = ponto de colocação de um pedido de compra;

LC = quantidade a ser comprada para repor estoque;

Emáx = volume máximo de peças em estoque;

Emín = volume mínimo de peças em estoque.

Podemos verificar, na Figura 3.3, que o lote de compra (LC) é de 350 unidades, o ponto de pedido (PP) de 200 unidades, o tempo de reposição (TR) de 3,5 unidades de tempo, o estoque mínimo (Emín) de zero e o estoque máximo (Emáx) de 350 unidades.

Para administrar adequadamente o sistema máximo-mínimo, é necessário calcular o tempo de reposição, o ponto de pedido, o lote de compra e o estoque de segurança.

Para melhor compreender o processo de cálculo, vamos acompanhar o Exemplo 3.6.

EXEMPLO 3.6

Determinada peça é consumida em 300 unidades mensalmente e seu tempo de reposição (TR) é de 45 dias. Então, qual será seu ponto de pedido (PP), uma vez que seu estoque de segurança é de 40 unidades?

PP = (C × TR) + ES

C = 300 unidades por mês

TR = 45 dias = 1,5 mês

ES = 40 unidades

PP = (300 × 1,5) + 40

PP = 450 + 40

PP = 490 unidades.

Lote de compra é a quantidade de peças especificadas no pedido de compra, que estará sujeita à política de estoque de cada empresa. Existem diversas fórmulas para calcular o lote de compra.

Estoque máximo é o resultado da soma do estoque de segurança mais o lote de compra. O nível máximo de estoque é normalmente determinado de forma que seu volume ultrapasse a somatória da quantidade do estoque de segurança com o lote em um valor que seja suficiente para suportar variações normais de estoque em face da dinâmica de mercado. É importante que se deixe uma margem assegurando, a cada novo lote, que o nível máximo de estoque não cresça e, portanto, onere os custos de manutenção de estoque. Veja a Fórmula 11:

$$Emáx = ES + LC \qquad (11)$$

Vamos acompanhar o Exemplo 3.7 para melhor compreender.

EXEMPLO 3.7

Qual é o estoque máximo de uma peça cujo lote de compra é de 3.000 unidades e o estoque de segurança é igual à metade do lote de compra?

Emáx = ES + LC

Emáx = (3.000 ÷ 2) + 1.000

Emáx = 1.500 + 1.000 = 2.500 unidades

Portanto, o estoque máximo para este problema é de 2.500 unidades.

3.8 CUSTO DE ESTOQUE E DE ARMAZENAGEM

Devemos sempre estar buscando um balanceamento dos custos de armazenagem, de pedidos e de falta para melhor atender à demanda de mercado e aos anseios dos acionistas. É perfeitamente compreensível que esses custos sejam conflitantes, pois quanto maior a quantidade estocada, maior será seu custo de manutenção. Maior estoque requer menor quantidade de pedidos, com lotes de compras maiores, o que implica menor custo de aquisição e menores problemas de falta ou atraso, consequentemente, menores custos também. O objetivo é minimizar o custo total que incide sobre a manutenção do estoque.

As empresas que têm produção fortemente sazonal, com demanda por produtos razoavelmente constantes, enfrentam o problema de coordenar seu suprimento com a necessidade de produtos. Indústrias alimentícias produtoras de vegetais e frutas enlatadas são forçadas a armazenar produção, de modo a atender o mercado durante a entressafra. Inversamente, firmas que devem fornecer produtos ou serviços a uma demanda sazonal ou incerta produzem, em geral, com nível constante ao longo do ano, para minimizar custos de produção, mantendo estoques para atender à curta temporada de vendas. No caso de dificuldades para coordenar suprimento e demanda de forma precisa, são necessários estoques.

Problemas associados às oscilações nos preços de *commodities* também podem gerar necessidade de armazenagem. Materiais e produtos que experimentam fortes e súbitas alterações nos preços internacionais, tais como o cobre, alumínio, aço e petróleo, podem ser comprados antes do necessário para se obter menores preços. Geralmente, será necessário reservar espaço para o inventário, mas seu custo pode ser contrabalançado pelos melhores preços obtidos na compra de *commodities*.

3.8.1 Custo de estoque

A mais importante função do controle de estoque e dos materiais está relacionada com a administração de níveis de estoques, e lógica e racionalidade podem ser aplicadas com sucesso para a resolução dos problemas de estoque. Devemos, porém, usar com profundidade o formalismo e a racionalização em nossas soluções dos sistemas analíticos. Portanto, devemos utilizar os métodos analíticos na introdução de custos importantes na formação dos estoques, pois são conhecidas várias espécies de custos que se aplicam às situações de estoque. A seguir, alguns mais frequentemente usados:

Custo de pedido

Cada vez que uma requisição ou um pedido é emitido, incorrem custos fixos e variáveis referentes a esse processo. Os custos fixos são os associados aos salários do pessoal envolvido na emissão dos pedidos, não sendo afetados pela política existente de estoque. Os custos variáveis consistem nas fichas de pedidos e nos processos de enviar esses pedidos aos fornecedores, bem como todos os recursos necessários para esse procedimento. Portanto, o custo de pedido está diretamente determinado com base no volume das requisições ou pedidos que ocorrem no período.

Custo do estoque

É óbvio que as empresas preferem manter os estoques mínimos. Frequentemente, verificamos que, em tempos difíceis ou em dificuldades de capital de giro, as empresas começam a fazer cortes em seus estoques. Por que isso ocorre? Porque os estoques são investimentos, o capital da empresa está imobilizado em materiais e bens, e se esse capital estiver disponível para uso alternativo, e não em estoques, por exemplo, a empresa aplicará no mercado financeiro. Portanto, o custo do estoque representa o valor de todo o material em estoque.

Custo de manutenção de estoque

Os custos de manutenção de estoque incorporam também as despesas de armazenamento, tais como: altos volumes, demasiados controles, enormes espaços físicos, sistemas de armazenagem, de movimentação, de pessoal alocado, equipamentos e sistemas de informações específicos. Temos, também, custos associados aos impostos e aos seguros de incêndio e roubo decorrentes do material estocado. Além disso, os itens estão sujeitos a perdas, roubos e obsolescência, aumentando ainda mais os custos de mantê-los em estoques.

Custo por falta de estoque

Como vimos, os materiais imobilizados em estoque oneram drasticamente uma empresa e têm um custo elevado. Em razão disso, as empresas buscam reduzir ao máximo seus estoques, o que poderá fazer com que ela não cumpra o prazo de entrega de seu produto; isso proporcionará, possivelmente, uma multa por atraso ou, o que é pior ainda, o cancelamento do pedido. E, mesmo com o atraso, se o cliente não cancelar o pedido, a imagem da empresa estará desgastando-se, o que tem um custo elevado e difícil de medir. Tal fato, normalmente, ocorre por falta de um adequado planejamento e controle de estoque. Não entregar ou atrasar um produto por falta de um item causa enormes transtornos ao cliente (imagem, custos, confiabilidade, concorrência etc.).

Temos, portanto, que dimensionar adequadamente as necessidades de estoques em relação à demanda, às oscilações de mercado, às negociações com os fornecedores e à satisfação do cliente, otimizando os recursos disponíveis e minimizando os estoques e custos. E se os estoques forem mínimos, a empresa poderá usar esse capital não para especular no sistema financeiro e estagnar, mas para aprimorar seus recursos nos processos de manufatura, na aquisição de novos equipamentos ou adicionais, para expandir ou diversificar sua produção, tornando-se mais eficaz e competitiva.

3.8.2 Custo de armazenagem

Uma das tarefas mais importantes dentro da administração de estoques é a definição dos níveis de estoques que podem ser economicamente mantidos e a decisão sobre as quantidades, pois devemos levar em consideração as vantagens e desvantagens dos custos diretos e associados a cada produto estocado.

Os estoques desempenham funções importantes no gerenciamento global da organização, tanto para compensar possíveis falhas nas projeções de demanda, como para melhor utilizar os recursos humanos e físicos da manufatura. Outro fator é o resultante de fortes flutuações na demanda; com um estoque mais elevado e regulador é possível programar a produção sem grandes oscilações, otimizando os recursos da manufatura. Portanto, nos defrontamos com fatores que encorajam a manutenção de estoques mais elevados e outros que nos ensejam a manter o mínimo estoque possível.

Para melhor administrar os estoques, devemos calcular quais são os custos que os afetam. Os fatores que compõem o custo de armazenagem são:

- custo de materiais;
- custo de pessoal;
- custo de manutenção;
- custo de edificações.

Custo de materiais

É o valor real de todos os materiais que estão na empresa, parados ou sendo usados, para atender à demanda de mercado. Compõe-se de matéria-prima, material auxiliar, material de manutenção, material de escritório, material em processo (*Work in Process*) e produto acabado.

Custo de pessoal envolvido

É o custo mensal de toda mão de obra envolvida em atividades de estoques, tais como pessoal de manuseio, de controle e gerenciamento, inclusive com os encargos trabalhistas.

Custo de equipamentos e manutenção

São as despesas mensais para manter os estoques, incluindo a depreciação dos equipamentos, o maquinário aí utilizado e suas despesas de manutenção.

Custo de edificações

É o custo correspondente ao aluguel das edificações destinadas à estocagem, seus impostos e seguros.

Esses fatores componentes do custo de armazenagem são calculados com base nos estoques médios das matérias-primas e produtos e nas despesas mensais dos demais componentes. O custo de armazenagem é diretamente proporcional ao tempo e à quantidade de peças em estoque. O cálculo de custo de armazenagem é um indicador logístico importante para avaliar a gestão integrada de uma organização e o quanto a empresa está deixando de ganhar com o seu capital parado em estoques, portanto, um custo de oportunidade. Podemos calcular o custo de armazenagem para cada item de estoque e para todo o estoque. Normalmente, as empresas calculam o custo total de armazenagem, e quando há necessidade de calcular custos específicos de alguns produtos, o fazem com ajuda da curva ABC.

O custo de armazenagem traduz-se no custo financeiro de todas as despesas para manter todos os materiais na empresa e nos custos e recursos necessários para administrá-los. Em suma, é o custo do dinheiro envolvido nesse sistema.

A seguir, iremos apresentar duas fórmulas para efetuar o cálculo do custo de armazenagem, uma para peças e outra para todo o estoque.

Fórmula 12, para o custo de armazenagem para peças:

$$CA = \{[(Q \div 2)\ P] + Df\}\ i \tag{12}$$

Fórmula 13, para o custo de armazenagem geral:

$$CA = [Q \div 2]\ P \times i \tag{13}$$

em que:

CA = custo de armazenagem anual;

Q = quantidade de peças em estoque;

P = preço unitário por peça;

Df = despesas de material auxiliar, de manutenção, de edificações, de equipamentos, de mão de obra etc.;

i = taxa de juros anual, custo de captação de dinheiro no mercado.

Para melhor entender o procedimento, vejamos o Exemplo 3.8.

EXEMPLO 3.8

Vamos calcular o custo de armazenagem anual de um item de estoque, "engrenagem", e de todo o estoque de uma empresa que nos forneceu os seguintes dados:

- 200 engrenagens em estoque, que custa R$ 25,00 a unidade;
- R$ 1.250.000,00 de estoques (matéria-prima, em processos e estoque acabado);
- R$ 85.000,00 mensais de gastos gerais da área de materiais;
- R$ 15.000,00 mensais de gastos com pessoal (sem encargos);
- R$ 25.000,00 despesas gerais de compras;*
- 80% de encargos trabalhistas;
- 40% de custo do dinheiro ao ano.

a) Cálculo do custo de armazenagem da engrenagem:

$$CA = [Q \div 2]\ P \times i$$
$$CA = [\ 200 \div 2]\ R\$ 25,00 \times 0,4$$
$$CA = 100 \times R\$ 25,00 \times 0,4$$
$$CA = R\$ 1.000,00$$

O custo anual de armazenagem das engrenagens é de R$ 1.000,00.

b) Cálculo do custo de armazenagem de todo o estoque:

$$CA = \{[(Q \div 2) \; P \;] + Df\} \; i$$
$$[(Q \div 2) \; P] = R\$ \; 1.250.000,00 \div 2$$
$$[(Q \div 2) \; P] = R\$ \; 625.000,00$$
$$Df = R\$ \; 85.000,00 + R\$ \; 15.000,00 + (R\$ \; 15.000,00 \times 0,8)$$
$$Df = R\$ \; 112.000,00$$
$$CA = \{R\$ \; 625.000,00 + R\$ \; 112.000,00\} \times 0,4$$
$$CA = R\$ \; 737.000,00 \times 0,4$$
$$CA = R\$ \; 294.800,00$$

O custo anual de armazenagem de todo o estoque é de R$ 294.800,00.

* Nota: Não foi utilizado o dado da área de compras por não fazer parte de atividades de estoques.

3.9 CURVA ABC

O princípio da curva ABC foi elaborado, inicialmente, por Vilfredo Pareto, na Itália, no fim do século passado, quando, por volta de 1897, realizava um estudo de distribuição de renda e riqueza da população local. Nesse estudo, Pareto notou que grande porcentagem da renda total se concentrava nas mãos de uma pequena parcela da população, em uma proporção de aproximadamente 80% e 20%, respectivamente, ou seja, que 80% da riqueza local estava concentrada em 20% da população. Esse princípio geral, mais tarde, foi difundido para outras atividades e passou a ser uma ferramenta muito útil para os administradores.

Nesse enfoque, na área administrativa, a curva ABC tornou-se uma ferramenta de muita utilidade nos mais diversos setores em que se necessita tomar decisões envolvendo grande volume de dados e a ação torna-se urgente. A curva ABC é constantemente usada para avaliação de estoques, produção, vendas, salários e outros. É um método que pode ser utilizado para qualquer atividade ou trabalho, porém, no controle de estoque foi aplicada pela primeira vez na General Electric por F. Dixie. Sua grande eficácia está na diferenciação dos itens de estoques com vistas a seu controle e, principalmente, a seu custo.

Na metodologia utilizada inicialmente por Dixie, os itens "A", embora representassem apenas 8% dos itens de estoque, correspondiam a 75% do valor de todo o estoque. Os itens "B" representavam 25% dos itens de estoque, porém, somente 20% do custo total do estoque e os itens "C", embora representassem 67% de todos os itens de estoque, correspondiam a tão somente 5% de seu valor total de estoque.

O grande mérito do uso da curva ABC é a classificação dos itens de estoque em critérios, ou classes A, B e C, considerando seus custos e quantidades. Os itens mais importantes são, em geral, em pequenos números e devem ser controlados rigidamente. Embora um controle rígido seja oneroso, realizá-lo sobre uma quantidade reduzida de itens permite tomar decisões mais precisas, e em curto espaço de tempo, mas sobre um valor elevadíssimo do estoque existente.

A categorização a partir da curva ABC é extremamente vantajosa, porque se pode reduzir as imobilizações em estoques sem prejudicar a segurança, pois ela controla mais rigidamente os itens de classe A, e mais superficialmente os de classe C. A classificação ABC é usada em relação a várias unidades de medidas, como peso, tempo, volume, custo unitário etc.

Dentro da logística empresarial e, mais especificamente, na administração de materiais, este método tem seu uso mais específico em estudos de estoques de acabado, vendas, prioridades de programação da produção, tomada de preços em suprimentos e dimensionamento de estoque. Toda a sua ação tem como fundamento primordial tomar uma decisão e ação rápida que possa levar seu resultado a um grande impacto positivo no resultado da empresa. A curva ABC assim é chamada em razão de dividirmos os dados obtidos em três categorias distintas, denominadas classes A, B e C:

ITENS DA CLASSE A

São os itens mais importantes e que devem receber toda a atenção, no primeiro momento do estudo. Nos itens dessa classe, iremos tomar as primeiras decisões sobre os dados levantados e correlacionados em razão de sua importância monetária. Os dados aqui classificados correspondem, em média, a 80% do valor monetário total e, no máximo, a 20% dos itens estudados (esses valores são orientativos, e não a regra).

ITENS DA CLASSE B

São os itens intermediários e que deverão ser tratados logo após as medidas tomadas sobre os itens da classe A. Este item é o segundo em importância. Os dados aqui classificados correspondem, em média, a 15% do valor monetário total do estoque e, no máximo, a 30% dos itens estudados (esses valores são orientativos, e não regra).

ITENS DA CLASSE C

São os itens de menor importância, sendo volumosos em quantidades, mas com valor monetário reduzidíssimo, permitindo maior espaço de tempo para sua análise e tomada de ação. Deverão ser tratados, somente, após todos os itens das classes A e B terem sido avaliados. Em geral, somente 5% do valor monetário total representam esta classe, porém, mais de 50% dos itens formam sua estrutura (esses valores são orientativos, e não regra).

A montagem da curva ABC processa-se em quatro passos, conforme o Quadro 3.1.

Quadro 3.1 Montagem da curva ABC

Passo	Atividade
1	Inicialmente, deve-se levantar todos os itens do problema a serem resolvidos, com os dados de suas quantidades, preços unitários e preços totais.
2	O segundo passo é inserir todos os itens em uma tabela em ordem decrescente de preços totais e sua somatória total. Essa tabela deve estar composta das seguintes colunas; item, nome ou número da peça, preço unitário, preço total do item, preço acumulado e porcentagem.
3	O próximo passo é dividir cada valor total de cada item pela somatória total de todos os itens e registrar a porcentagem obtida em sua respectiva coluna.
4	Finalmente, deve-se dividir todos os itens em classes A, B e C, de acordo com a prioridade e o tempo disponível para tomar decisão sobre o problema.

Para melhor compreensão, vamos acompanhar a montagem da curva ABC no Exemplo 3.9.

EXEMPLO 3.9

Foram levantados os itens de estoque de uma empresa de peças automotivas, com vistas a negociar com os fornecedores reduções de preços, porém, isso tem que ser urgente e o tempo disponível é pequeno. A direção, então, solicitou ao gerente de materiais que resolvesse o problema utilizando a curva ABC. Os dados de estoque estão na Tabela 3.4. Com esses dados, monte a curva ABC.

Tabela 3.4 Dados da empresa de peças automotivas

Peça	Nome	Custo/unid. R$	Consumo/mês peças	Valor mensal R$
A-1C	Eixo	20,00	100	2.000,00
A-1B	Porca	0,50	1.000	500,00
A-2A	Parafuso	1,00	100	100,00
A-2B	Polia	10,00	2.000	20.000,00
C-1A	Anel	2,50	1.000	2.500,00
C-1B	Anel liso	1,50	50	75,00
A-1A	Chaveta	0,50	80	40,00
B-2A	Mola	3,00	5.000	15.000,00
C-1C	Arruela	0,50	20	10,00
A-1X	Eixo	50,00	500	25.000,00
A-1D	Eixo	5,00	600	3.000,00
A-2D	Placa	1,00	1.000	1.000,00
A-3B	Polia	8,00	1.000	8.000,00

Peça	Nome	Custo/unid. R$	Consumo/mês peças	Valor mensal R$
C-2A	Aro	2,20	400	880,00
C-2B	Anel fixo	1,50	100	150,00
A-2A	Chave	0,50	100	50,00
B-2A	Luva	3,00	150	450,00
C-2C	Pino	0,70	200	140,00

Após levantar os dados de estoque, iremos ordená-los de acordo com o valor mensal total de cada item em ordem decrescente desses valores, conforme a Tabela 3.5.

Tabela 3.5 Montagem da curva ABC

	Item	Peça	Custo/ Unid. R$	Consumo Peças	Valor/Mês R$		%
					Total	Acumulado	
A	01	A–1X	50,00	500	25.000,00	25.000,00	31,7
	02	A–2B	10,00	2000	20.000,00	45.000,00	57,0
	03	B–2A	3,00	5000	15.000,00	60.000,00	76,1
B	04	A–3B	8,00	1.000	8.000,00	68.000,00	86,2
	05	A–1D	5,00	600	3.000,00	71.000,00	90,0
	06	C–1A	2,50	1.000	2.500,00	73.500,00	93,2
	07	A–1C	20,00	100	2.000,00	75.500,00	95,7
C	08	A–2D	1,00	1.000	1.000,00	76.500,00	97,0
	09	C–2A	2,20	400	880,00	77.380,00	98,1
	10	A–1B	0,50	1.000	500,00	77.880,00	98,7
	11	B–2A	3,00	150	450,00	78.330,00	99,3
	12	C–2B	1,50	100	150,00	78.480,00	99,5
	13	C–2C	0,70	200	140,00	78.620,00	99,7
	14	A–2A	1,00	100	100,00	78.720,00	99,8
	16	C–1B	1,50	50	75,00	78.795,00	99,9
	16	A–2A	0,50	100	50,00	78.845,00	99,94
	17	A–1A	0,50	80	40,00	78.885,00	99,99
	18	C–1C	0,50	20	10,00	78.895,00	100,00
			Total acumulado			78.895,00	100,00

Para a montagem da curva ABC, foi adotado o critério geral enunciado anteriormente e, com base na disponibilidade de tempo para tomada de decisão, a montagem da curva ficou conforme a Tabela 3.5, com o seguinte resultado:

Classe A = 17% dos itens correspondendo a 76% do valor total;

Classe B = 22% dos itens correspondendo a 20% do valor total;

Classe C = 61% dos itens correspondendo a 4% do valor total.

Portanto, o gerente de materiais deverá contatar de imediato os fornecedores das peças A-1X, A-2B e B-2A, que correspondem a 76% do dinheiro envolvido em materiais e somente 17% de itens a serem negociados. Em uma segunda etapa, com mais tempo, atuará junto aos fornecedores das peças da classe B, e, finalmente, junto aos da classe C. Podemos ver que, com pequena quantidade de itens, solucionamos o grande envolvimento de capital em materiais, que causa grande impacto no resultado da empresa. Posteriormente, com mais calma e tempo, resolvemos os demais itens, pois o maior problema já estará solucionado.

O processo utilizado para o exemplo seguiu o seguinte procedimento: após levantamento de todos os itens do estoque, listamos esses itens ordenadamente, um abaixo do outro, com dados, nome, número, quantidade, preço unitário e preço total. Na segunda etapa, colocamos os itens em ordem decrescente de seu valor total, acrescentando mais uma coluna, a de valor total acumulado. Na terceira etapa, dividimos cada valor acumulado pelo valor total acumulado e inserimos o quociente obtido na sétima coluna, a dos percentuais. Finalmente, dividimos a tabela em três classes: A, B e C.

No exemplo estudado, o tempo para tomada de decisão é curto, sendo um limitador do problema; procuramos estabelecer uma porcentagem pequena de itens para que possamos tomar a decisão com disponibilidade de prazo e o máximo possível de valor monetário. Com isso, definimos como Classe A 17% dos itens que correspondem a 76% do valor total do estoque; para a Classe B, 22% dos itens correspondem a 20% do valor total; e, para a Classe C, 61% dos itens correspondem a 4% do valor total do estoque.

Para delimitar os percentuais das classes, não existe regra restrita ou fixa, a classificação dependerá da disponibilidade de tempo e da prioridade exigida para se tomar uma decisão. Assim, o bom senso e a sensibilidade do administrador irão servir como parâmetro para sua decisão.

Com os dados obtidos na Tabela 3.5, podemos traçar graficamente a curva ABC, do Exemplo 3.9, analisado anteriormente. Para isso, traçamos os eixos cartesianos, em que na abscissa registramos o número de itens e, no eixo das coordenadas, registramos as somas relativas aos valores acumulados dos itens com seus respectivos percentuais, como mostra a Figura 3.4.

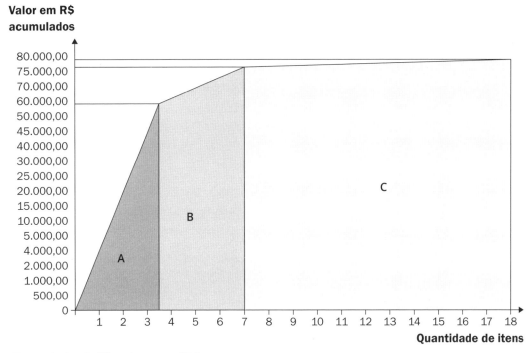

Figura 3.4 Gráfico da curva ABC.

3.10 GIROS DE ESTOQUES

É a avaliação do capital investido em estoques comparado com o custo das vendas anuais, ou da quantidade média de materiais em estoque dividida pelo custo anual das vendas. A rotatividade, esse é o termo mais comumente utilizado tanto pelas empresas multinacionais como pelas nacionais, é expressa por meio da quantidade que o valor de estoque gira ao ano, ou seja, o valor investido em estoque ou sua quantidade de peças que atenderá determinado período de tempo.

Para calcularmos a rotatividade, é necessário possuir o valor dos estoques e dividir pelo custo anual das vendas. O valor de estoque pode ser utilizado em quantidades monetárias ou quantidades de peças. O custo anual das vendas representa o valor anual das vendas, que é o custo de transformação de materiais, mão de obra e as despesas gerais. A Fórmula 14 representa o modelo de cálculo da rotatividade:

$$R = CV \div E \qquad (14)$$

com:

R = rotatividade;
CV = custo anual das vendas;
E = estoque.

Nos Exemplos 3.10 e 3.11, faremos sua aplicação.

EXEMPLO 3.10

As vendas anuais de uma empresa totalizaram R$ 6.500.000,00, com um custo anual das vendas de R$ 3.200.000,00 e um lucro anual de R$ 200.000,00. Em seus estoques (matéria-prima, auxiliar, manutenção, WIP e acabados) há um investimento de R$ 300.000,00. Qual é a rotatividade de estoques desta empresa?

$$R = CV \div E$$

$$R = \frac{R\$\ 6.500.000,00/ano}{R\$\ 300.000,00} \quad \text{(custo das vendas anual)} \atop \text{(custo dos estoques)}$$

$$R = R\$\ 6.500.000,00 \div R\$\ 300.000,00$$

$$R = 21,67.$$

Logo, o estoque gira 21,7 vezes ao ano.

EXEMPLO 3.11

Uma empresa vendeu em um ano 20.000 unidades de seu produto "X", e o estoque dessa peça é de 1.500 unidades. Qual é a rotatividade de seu estoque? Ressalte-se que, quando utilizamos quantidades de peças, somente usamos a quantidade de peças vendidas no ano e a quantidade dessas peças em estoques.

$$R = QV \div E$$

$$R = 20.000 \div 1.500$$

$$R = \frac{20.000}{1.500} \quad \text{(peças vendidas no ano)} \atop \text{(peças em estoques)}$$

$$R = 13,3.$$

Logo, o estoque gira 13,3 vezes ao ano.

Sabendo a rotatividade dos estoques, podemos determinar também o período de tempo que esse estoque suporta, ou seja, o estoque serve para atender a uma demanda de "tantos dias, semanas ou meses". Para elaborar esse cálculo, dividimos 12 meses (quantidade de meses no ano) pelo valor da rotatividade encontrada, e teremos o tempo (em meses) pelo qual o estoque suporta a atual demanda. Se dividirmos 52 semanas (número de semanas no ano) pelo valor da rotatividade encontrada, teremos o tempo em semanas pelo qual o estoque suporta a demanda.

A avaliação da gestão de estoques por meio da **rotatividade** é muito útil e rápida, facilitando a análise da situação operacional da empresa, além de ser um **indicador**

mundial de análise e comparação. Quanto maior for o número da rotatividade, melhor será a administração logística da empresa, menores serão seus custos e maior será sua competitividade. Atualmente, no Brasil, a média de rotatividade de nossas empresas está em torno de 14 giros ao ano, que é um valor muito baixo comparado aos padrões mundiais. Na Tabela 3.6, apresentamos um comparativo mundial de gestão de estoques.

Tabela 3.6 Giros de estoques, comparativo mundial

Índices de 2016 Média	Brasil	*World Class*	Japão
ROTATIVIDADE	14	90	180

Conforme a Tabela 3.6, pode-se verificar que, enquanto os estoques no Japão são equivalentes a aproximadamente dois dias, nos demais países desenvolvidos (Estados Unidos, Europa e Ásia) são equivalentes a quatro dias e, no Brasil, infelizmente, equivalem a 25 dias, em média. Para percebermos melhor o impacto desse fato, dos custos de estoque no resultado da empresa e, principalmente, em sua flexibilidade perante o mercado e, consequentemente, sua competitividade, faremos um comparativo de três empresas, com as mesmas características, porém, com sua gestão de estoques de acordo com sua localização (Brasil, Estados Unidos e Japão)

No Exemplo 3.12, vemos a aplicação do cálculo de rotatividade.

EXEMPLO 3.12

Custo das vendas = R$ 50.000.000,00 (considerando uma empresa com as mesmas condições e operando no Brasil, nos EUA e no Japão). Rotatividade = 14 no Brasil, 90 nos EUA e 180 no Japão. Faça o cálculo do capital investido em estoques.

$$R = CV \div E \therefore E = CV \div R$$

Brasil: $\quad E = CV \div R$

$\qquad E = US\$ 50.000.000,00 \div 14$

$\qquad E = US\$ 3.571.428,57$ (valor imobilizado em estoques)

EUA: $\quad E = CV \div R$

$\qquad E = US\$ 50.000.000,00 \div 90$

$\qquad E = US\$ 555.555,55$ (valor imobilizado em estoques)

Japão: $\quad E = CV \div R$

$\qquad E = US\$ 50.000.000,00 \div 180$

$\qquad E = US\$ 277.777,77$ (valor imobilizado em estoques)

Portanto, comparando as três empresas, verificamos que a necessidade de capital de giro para cada empresa, de modo a honrar os compromissos de pagamento a seus fornecedores, faz uma terrível diferença, e sabemos quão difícil é a obtenção deste capital. Assim, podemos perceber facilmente o diferencial que permite uma boa gestão de estoques com elevado giro, reduzindo drasticamente os custos, melhorando a flexibilidade de atender à demanda de mercado e satisfazer o cliente e, principalmente, otimizando os recursos financeiros em tecnologia e P&D, e não imobilizando em estoques. Resumindo, temos no Exemplo 3.12 proposto o seguinte comparativo:

Brasil   14 giros   = US$ 3.571.428,57*

USA   90 giros   = US$ 555.555,55*

Japão   180 giros = US$ 277.777,77*

* Necessidade de capital imobilizado em estoques e, consequentemente, necessidade de capital de giro, no mesmo valor, para repor estoques.

Fica muito evidente que as empresas no Brasil se defrontam com grandes problemas financeiros e de competitividade.

3.11 ESTOCAR MATERIAL INTELIGENTEMENTE

Atualmente, a maioria das empresas está se empenhando em eliminar etapas dentro do processo de distribuição, dentro do sistema logístico. Em verdade, está buscando a redução dos estoques e, consequentemente, estocar menos material no sistema. Todo material que está em um canal de distribuição ou em um armazém resulta em custo para o sistema. E uma das ações que nos ajudam a reduzir os custos é a partir da utilização do *cross-docking*, em que os produtos são descarregados dos caminhões que chegam e carregados diretamente nos caminhões que irão sair, sem necessidade de usar estoques.

Em primeiro lugar, ao focalizarmos, primeiramente, um projeto de sistemas de estocagem de materiais eficientes e efetivos, devemos, sim, focalizar o projeto na redução da necessidade de estocar material. Em geral, a estocagem de materiais é fruto da falta de informações adequadas sobre as futuras necessidades do mercado. Até que ponto a variação nas futuras demandas é reduzida? Portanto, necessitamos prever quantidades excessivas de estocagem.

Quando não conseguimos eliminar a necessidade da estocagem de materiais, vem daí o pressuposto de que "estocar menos é melhor". Logicamente, menor quantidade estocada resulta em menor quantidade de dinheiro parado e em melhor gestão. A estocagem frequente é resultante de desequilíbrios nas velocidades de fluxo de operações sucessivas. Por meio do balanceamento do fluxo da produção, o número de vezes em que ocorre a estocagem será reduzido.

Estocar menos frequentemente é melhor. Grandes inventários significam grandes custos. Os elevados estoques de matérias-primas, materiais em processo e produtos acabados acrescentam custos operacionais ao produto e oneram demasiadamente a empresa. A redução nos inventários sustenta a afirmação de que estocar menor quantidade é melhor.

A estocagem na linha de operação ou ponto de uso é utilizada para reduzir a distância entre estocagem e o cliente do material estocado. Distâncias reduzidas permitem entrega mais rápida de material. Portanto, com múltiplos pontos de uso, passa a ser mais eficiente o uso dos materiais estocados; assim, estocar menos centralmente é mais eficaz.

O sistema de estocagem envolve mais do que simplesmente estocar material. Compreende os fatores de necessidade de espaço, estruturas de estocagem, corredores e contentores. Como resultado, em um sistema estrutural porta-paletes que tenha um bom projeto, é comprovado estatisticamente que o material que está estocado representa, em média, menos que 30% do volume do espaço total utilizado. À medida que o custo do espaço aumenta, torna-se óbvio que estocar menos reduz drasticamente os custos.

Um sistema de movimentação de materiais, no modelo de puxar, é um sistema altamente responsivo, e temos como parâmetro o JIT. A ideia base do sistema JIT é um inventário enxuto, sem excessos. Por meio do reconhecimento de que o material é um recurso físico, é evidente que estocar material equivale a estocar dinheiro e, a menos que alguém esteja pagando para você fazer isso, estocar menos dinheiro é reduzir custo; portanto, melhor.

Na verdade, o custo de estocar materiais tende a ser subestimado pela maioria dos gestores, que olham normalmente somente o custo do material. Esquecem-se de avaliar o custo do espaço necessário, dos equipamentos, dos insumos e do pessoal. Inventários obsoletos são de alto custo; excesso de inventário também leva à ineficiência no desempenho da estocagem.

Finalmente, como a estocagem de material é considerada extremamente rotineira, normalmente pensa-se que ela é a regra, em vez da exceção no projeto de sistemas de manufatura. Além disso, frequentemente a estocagem de material é desempenhada por sistemas e métodos convencionais que dificultam os procedimentos, os controles e os manuseios, causando problemas de entregas, movimentação, acuracidade, perdas e excesso de tempo desperdiçados.

3.12 CRIANDO UM CENTRO DE DISTRIBUIÇÃO

Para que o setor de armazenagem, mais especificamente os estoques de produtos acabados, possa atuar como um setor de redução de custos e dentro do enfoque logístico, é importante que ele funcione como um centro de distribuição. Temos então de pensar em um novo projeto da instalação e, para tanto, sugere-se a sequência de cinco etapas para desenvolver essa nova visão de instalação.

As cinco etapas a seguir para o sucesso na criação de um centro de distribuição são:

Etapa 1. Determinar os requisitos da nova instalação

Prever quais serão os requisitos e necessidades para os próximos cinco anos. Não pensar em tão somente acomodar os níveis atuais do negócio, mas também os volumes de estoque e os meios necessários para as movimentações em face da dinâmica dos mercados que estão associados aos principais elementos de espaço na maioria das instalações. Portanto, é importante construir uma adequada projeção das necessidades de estocagem, buscando estabelecer um perfil dos estoques projetados o mais próximo possível das demandas previstas.

O projeto deverá levar em consideração os dados estatísticos das projeções dos pedidos, incluindo as quantidades diárias, espécies de produtos, linhas por pedidos e peças por linha.

Alinhavar estreito relacionamento com as áreas comercial e de marketing para estabelecer corretamente as necessidades dos clientes.

Etapa 2. Determinar os requisitos da nova instalação

Outro fator importante no projeto é o dimensionamento e a localização das docas de embarque e desembarque. O projeto adequado deve proporcionar excelente fluxo dos veículos e evitar atrasos nas suas operações. Para concluirmos um adequado posicionamento das docas e evitar problemas, devemos ter em conta os seguintes elementos:

- sincronização da movimentação dos veículos;
- tempos de espera;
- tempos para carregar e descarregar;
- quantidades de itens a movimentar;
- requisitos de divisão e movimentação.

Sempre rever os critérios adotados na elaboração do projeto, discutir com as equipes interdisciplinares da empresa e obter a aprovação da direção da empresa.

Etapa 3. Estabelecer necessidades do projeto

Após estabelecer as necessidades e ter o pré-projeto definido, torna-se importante pesquisar externamente e identificar alguns projetos alternativos que poderiam satisfazer os requisitos do negócio que foram desenvolvidos na etapa primeira. Ou seja, pesquisar fora de ramo ideias que possam melhorar o projeto.

Etapa 4. Determinar os elementos viáveis da nova instalação

Os elementos viáveis, que podem variar amplamente em termos de sofisticação técnica, devem focalizar em opções de:

- fluxos de materiais;
- módulos de separação e de estocagem;
- equipamentos de movimentação de material;
- sistema de informação;
- suporte aos sistemas de informações;
- projeto da construção civil;
- leiautes.

Com isso, fazer a seleção inicial dos projetos alternativos, testar o retorno e a praticidade de cada um deles e descartar aqueles que não trazem retorno ou não se adéquam aos interesses da empresa.

Etapa 5. Avaliar os elementos qualitativos e quantitativos das alternativas

Ao analisar cada alternativa, devemos desenvolver métodos e leiaute operacionais eficientes, de modo que seja possível utilizá-los adequadamente e sempre poder fazer sua análise.

Pode-se usar os mais diversos instrumentais para avaliar sua produtividade e eficácia. Uma das ferramentas que proporciona excelente resultado é o *software* de simulação, mostrando o *throughput* de cada alternativa. Para tanto, cabe levar em consideração os seguintes elementos:

- fluxos e movimentação de produtos;
- gargalos;
- capacidade de separação;
- módulos de estocagem;
- equipamentos móveis – quantidade, tipo e capacidades;
- equipamentos de transporte;
- equipamentos de classificação;
- quadro de funcionários;
- orçamentos de capital para a instalação, equipamentos e sistemas de informações;
- orçamentos gerais do setor.

No processo de avaliação e análise qualitativa, verifique os seguintes elementos:

- flexibilidade do sistema, incluindo a capacidade de atualização ou modificação para acomodar as inovações ou mudança;
- dificuldade de implementação;
- dificuldade de manutenção;
- treinamento durante toda a sua vida;
- integração do WMS com os componentes do sistema de movimentação de materiais.

ESTUDO DE CASO

MELHORIA DE CONTROLE, ESPAÇO E MOVIMENTAÇÃO EM ARMAZENAGEM NA XPTO

Em junho de 2014, a empresa XPTO, um dos principais fabricantes de equipamentos para construção e mineração, procurou uma solução para melhorar a eficiência de armazenamento e controle de estoque dentro de seu Centro de Distribuição (CD) de 30 mil m². O centro de distribuição é responsável pelo fornecimento de peças e pelo modo ágil de atendimento para os seus muitos clientes em todo o mundo. O CD funciona 24 horas por dia, sete dias por semana, 365 dias por ano para acompanhar a demanda.

Um dos maiores obstáculos para a eficiência da operação era o setor que armazenava e controlava peças de pequeno porte, com 8.000 m². Essa área utilizava uma grande variedade de prateleiras de aço, gavetas, recipientes, caixas de madeira e caixas de papelão que propiciava um ambiente de difícil movimentação e de condição não adequada para a eficiência e a limpeza. O fabricante do equipamento pesado procurou uma solução para fornecer a facilidade em um espaço de armazenamento desorganizado e sem limpeza. Esse procedimento permaneceu desde a inauguração do CD, em agosto de 2012, até o momento.

72 Logística e Gerenciamento da Cadeia de Suprimentos • Pozo

Trabalhando em estreita colaboração com um fornecedor local, a equipe de vendas da XPTO necessitava determinar qual solução seria melhor para trabalhar no sentido de atender às necessidades do CD. Na época da instalação, foi utilizada uma variedade de opções de armazenamento desarticuladas, com muitos de seus SKUs contidos nas prateleiras e em caixas de papelão. As caixas de papelão ondulado geravam vários problemas para a empresa. As caixas estavam empoeiradas, e, em função do clima úmido do local, tornavam-se frágeis. Não era possível limpá-las, e as caixas deixavam a área suja e de difícil movimentação. E as etiquetas tendiam a descolar, o que dificultava a correspondência de cada caixa ao respectivo cliente. E o maior problema era a grande variedade de tamanhos de caixa; havia um enorme espaço sendo mal utilizado. Grande perda de tempo em localizar os pedidos e dificuldades de manuseio e transporte das caixas.

UM NOVO SISTEMA DEVERÁ SER ADOTADO

Após uma análise completa e discussões com os supervisores de chão de fábrica e tomadores de decisão da gerência, foi apresentada à XPTO uma variedade de modelos de caixas de plástico para armazenamento, para testar e determinar qual solução seria melhor para trabalhar. Embora esse novo projeto tenha sido apresentado por uma quantidade significativa de fabricantes de caixas plásticas, o projeto original da XPTO, o **Sistema BXZ**, mostrou ser a melhor solução, pelo *design* da caixa composto pelo dimensional quadrado de 50 cm de lado por 30 cm de profundidade, com seis repartições para poder acomodar os mais variados tipos de peças.

Essas novas caixas BXZ também eram ótimas para acomodar peças grandes e mais pesadas sem danificar as novas caixas, em virtude de sua construção robusta e grande capacidade de armazenamento. Outro grande benefício da BXZ seria a enorme economia em frete *versus* caixas-padrão. Cada caixa BXZ custou R$ 250,00. O embarque pelo sistema anterior, com caixas de papelão, necessitava de um quinto de caminhões para cumprir cada pedido (média). Isso exigia, em média, cinco caminhões para um único cliente. A empresa possuía 215 caminhões para atender mensalmente seus clientes. Cada caminhão necessitava de dois funcionários com salário mensal de R$ 2.700,00 (com encargos).

OS RESULTADOS

Com a decisão, o fabricante de equipamento pesado começou o processo de utilização do Sistema BXZ com cerca de 30.000 caixas. As prateleiras existentes foram removidas e substituídas por prateleiras especiais para acomodar as novas caixas, codificadas e organizadas na cor azul. O antigo espaço de 8.000 m^2 para armazenamento foi consolidado e reduzido para 3.000 m^2. O tempo de seleção e movimentação dos pedidos também foi reduzido em razão do espaço e da facilidade de localização e separação dos pedidos. Agora, selecionadores de pedidos têm distâncias muito menores para percorrer e separar os pedidos, o que poupa tempo e aumenta a eficiência.

O novo sistema de código de barras implementado com as novas caixas também lhes permite localizar peças mais rapidamente dentro de um espaço menor. A redução do espaço necessário para o armazenamento permitiu utilizar o novo espaço disponível para armazenar as peças de maiores dimensões. Para cada cliente, com o Sistema BXZ, agora são necessários somente três caminhões para atender o pedido.

Questões para discussão:

1. Quais foram as causas que levaram a XPTO a demorar quase dois anos para tomar uma decisão?
2. Qual foi o maior benefício do novo sistema?
3. Quais foram os ganhos com o novo sistema? Detalhar cada um deles.
4. Qual foi a reação dos clientes com o novo sistema?
5. Dê seu parecer sobre a empresa.

QUESTÕES para revisão

1. Qual é a função da gestão de materiais?
2. Quais são os princípios modernos da gestão de materiais?
3. É conveniente para as organizações alocarem grandes espaços físicos para armazenagem e estocagem?
4. Quais são os tipos de materiais estocados nas empresas de manufatura?
5. Qual é a finalidade de o gestor de materiais fazer previsão de demanda?
6. Quais são os métodos de previsão de demanda e o mais importante?
7. Qual a finalidade do estoque de segurança?
8. Para que serve o ponto de pedido e qual sua importância?
9. Qual a finalidade de calcularmos o custo de armazenagem?
10. A curva ABC é uma ferramenta usada para qual finalidade?
11. O cálculo de giro de estoques serve para qual finalidade?
12. Qual é a importância da gestão de materiais para uma empresa de manufatura e para uma atacadista?

Capítulo 4

TRANSPORTE E MODAIS

Assista ao vídeo do autor sobre este Capítulo.

O transporte é considerado um elemento muito importante para a economia, se não o mais importante do custo logístico das empresas, além de ser fundamental para o desenvolvimento de uma nação. Normalmente, nas nações menos desenvolvidas, a produção e o consumo ocorrem no mesmo lugar, não dando chance para o transporte participar da transação; porém, quando o transporte tem preço bom, disponibiliza seus produtos para outras localidades com grande chance de desenvolvimento.

Transportes, para a maioria das organizações, é a atividade logística mais importante, simplesmente porque ela absorve, em média, de um a dois terços dos custos logísticos. É essencial, pois nenhuma firma moderna pode operar sem providenciar a movimentação de suas matérias-primas ou de seus produtos acabados de alguma forma. Sua importância é sempre sublinhada pelos problemas financeiros que emergem para muitas empresas quando há uma greve ferroviária nacional ou quando carreteiros autônomos paralisam suas atividades em função de aumentos nos combustíveis. É comum denominar tais eventos de desastres nacionais. Os mercados não podem ser atendidos, e produtos permanecem no canal de distribuição para deteriorarem-se ou tornarem-se obsoletos.

Transporte se refere aos vários métodos para movimentar produtos. Algumas das alternativas mais populares são os modos rodoviário, ferroviário e aeroviário. A administração da atividade de transporte geralmente envolve decidir quanto ao método de transporte, aos roteiros e à utilização da capacidade dos veículos. Enquanto o transporte adiciona valor de **lugar** ao produto, o estoque agrega valor de **tempo**. Para agregar esse valor dinâmico, o estoque deve ser posicionado próximo aos consumidores ou aos pontos de manufatura. O número normalmente grande desses pontos de estoque e os altos custos associados a manter esses produtos armazenados, em geral entre 25 e 30% do valor do produto por ano, requerem administração cuidadosa. A administração de estoques envolve manter seus níveis tão baixos quanto possível, ao mesmo tempo em que provê a disponibilidade desejada pelos clientes.

Hoje, no Brasil, como parte integrante dos departamentos de logística está o estudo e a busca pela diminuição em massa do chamado "Custo Brasil". Este que, por sua vez, está formado por itens como impostos, estradas (rodoviárias e ferroviárias), sistemas de armazenagem, transportes hidroviários (fluviais e de cabotagem), sistemas portuários e encargos de mão de obra, é pauta de constante busca de redução pelos departamentos logísticos de todas as empresas e pelo próprio governo brasileiro.Para isso, o mais utilizado é a busca por constante aproveitamento do transporte de ida e volta para uma melhor redução no preço do frete.

Para implantar melhoramentos na estrutura industrial, é necessário dinamizar o sistema logístico, que engloba o suprimento de materiais e componentes, a movimentação e o controle de produtos e o apoio ao esforço de vendas dos produtos finais, até a colocação do produto acabado ao consumidor. Além disso, os administradores também estão reconhecendo que devem coordenar suprimentos, produção, embalagem, transporte, comercialização e finanças em uma atividade de controle global, capaz de apoiar firmemente cada fase do sistema com um máximo de eficiência e um mínimo de capital investido. Esse conjunto de atividades engloba o transporte de carga, armazenagem, movimentação física de materiais, embalagem, controle de estoque, seleção de locais para o armazém, processamento de pedidos e atendimento ao cliente.

À medida que o transporte fica mais barato e de fácil acesso, contribui em aumentar a competição no mercado, garantir a economia de escala e reduzir preços das mercadorias. Na falta de um bom sistema de transporte, o mercado fica limitado à produção local, e, com melhores serviços de transporte, o custo de mercados distantes pode ser bastante competitivo. Para facilidade de compreensão, vejamos o Exemplo 4.1.

EXEMPLO 4.1

Suponha que as laranjas de Limeira possam ser produzidas a R$ 0,50 a dúzia e as laranjas do sul da Bahia por R$ 0,70 a dúzia. Os custos de transportes são de R$ 0,20 a dúzia para colocar laranjas de Limeira no mercado baiano. Assim a competição é muito limitada. Por outro lado, se os custos de transporte baixassem para R$ 0,12, a competição naturalmente seria incentivada.

O transporte barato permite desvincular as localizações de produção e consumo. Isso dá liberdade para a melhor e mais adequada localização industrial para o produto, usufruindo, assim, das vantagens geográficas, conforme o Exemplo 4.2.

EXEMPLO 4.2

Em face do elevado investimento em equipamentos de transporte para gás natural, leva-se mais tempo para sua implantação, porém, quando em uso, se obtém maior redução no custo do transporte. À medida que os transportes se tornam mais eficientes, é certo que o serviço ficará menos dispendioso, tornando-se, portanto, mais barato. É o caso de investimentos em gasoduto substituindo o transporte ferroviário e rodoviário de gás. Temos agora o barateamento e a utilização em alta escala de gás vindo da Bolívia para o Brasil.

O transporte é adicionado ao custo do produto como custo de produção, vendas e outros, por isso, se o transporte for barato, pode contribuir para a redução nos preços dos produtos. O transporte barato disponível traz vantagens econômicas, podendo até aumentar o nível de vida. Portanto, quando produtos iguais são cultivados em lugares e condições diferentes, seus preços no mercado também são diferentes, e tem-se sempre a oportunidade de importar o produto do lugar mais barato. Mesmo pagando pelo transporte, continua sendo viável a importação.

4.1 FUNÇÕES DO TRANSPORTE

Os sistemas básicos de transportes para carga são cinco: sistema por ferrovias, por rodovias, por hidrovias, por dutos e por aerovias, todos considerados pelos agentes de transporte, transportadoras e associações de exportadores. A importância desses modelos de transportes varia com o tempo, e é explicada de acordo com suas cargas. Todavia, a importância de cada um irá variar em função do tempo e das necessidades prementes dos clientes e processadores, bem como das condições de momento.

O duto é usado para movimentar produtos líquidos e gasosos por longas distâncias. Os custos de movimentação são muito baixos, mas a linha de produtos atendida é limitada e seu custo de instalação, elevado. O transporte aéreo tem suas taxas relativamente altas em relação aos outros modais, talvez por apresentar o melhor nível de serviço.

Os produtos transportados via aérea, por seu peso ou volume, necessitam de rapidez e compensam, por vezes, seu preço. Produtos como carvão, minérios, coque, cascalho, areia etc., por serem relativamente baratos e não perecíveis, são transportados pelo sistema hidroviário, um serviço lento e sazonal, mas com preço baixo. O transporte de cargas para produtos químicos, siderúrgicos e plásticos é realizado pelo modal ferroviário, com custo baixo e pouco usado, e pelo modal rodoviário, no Brasil, o que mostra a quebra do uso dos modais por tipo de carga ideal, considerando preço e tempo em razão de política governamental.

Existem particularidades dos modais que servem para seleção do serviço a ser usado. Os critérios a serem seguidos são: custo, tempo médio de entrega, tempo de trânsito e sua variação e perdas e danos. O usuário tem vários serviços a seu dispor, seu custo varia de um modal para o outro e, certamente, a via aérea será mais cara que a hidroviária. O tempo de entrega também depende da seleção do transporte; se o produto for perecível, requer um

78 Logística e Gerenciamento da Cadeia de Suprimentos • Pozo

transporte rápido em relação à distância; costuma ser calculado porta a porta, mesmo que outro modal seja envolvido. A diferença encontrada entre os tempos dos carregamentos mede a incerteza no desempenho do transportador, mas ainda não existem estudos com dados confiáveis sobre esse índice.

É importante que a proteção da carga seja total, pois qualquer que seja o produto ou o transporte, o cliente quer recebê-lo em perfeito estado. Em certos casos, os transportadores são penalizados por não protegerem a carga. Certamente, quanto menor o número de reclamações do transportador, melhor e mais vantajosa parecerá a contratação do serviço.

Logística é o conjunto de atividades que se inicia quando recebemos um pedido de fornecimento de algum produto, passando pela empresa que nos fornece a matéria-prima até o momento em que colocamos o produto na mão do cliente, terminando com o pós-venda. Para que o cliente possa receber o produto, dependemos do estágio denominado distribuição.

A distribuição física dos produto representa uma parcela significativa no custo de um produto ou serviço, afetando sua competitividade. São fatos importantes a serem avaliados: a velocidade de entrega, a confiabilidade, a rastreabilidade e, principalmente, as condições nas quais o cliente recebe seu produto.

As atividades do sistema de distribuição são compostas de quatro etapas importantes para o sucesso do processo, que são: estoque de produtos acabados, embalagem de proteção, depósito de distribuição e transporte. No Quadro 4.1, temos esses elementos especificados.

Quadro 4.1 Atividade do sistema de distribuição

Elementos	Especificação
Estoque de produtos acabados	Local onde são armazenados os produtos manufaturados ou comprados para disponibilizar para o mercado
Embalagem de proteção	Embalagens especiais para proteger o produto no manuseio em depósitos e nos transportes
Depósitos de distribuição	Utilizados para armazenar os produtos em locais muito distantes da origem e próximos aos clientes
Transporte	Envolve diversos métodos de movimentar o produto para fora da empresa, podendo ser enviado para depósitos, centros distribuidores, atacadistas, varejistas ou ao cliente final

4.2 MODAIS DE TRANSPORTE

Como vimos, o sistema de distribuição é composto de diversos tipos de movimentação, denominados modais, compreendendo os seguintes: rodoviário, ferroviário, hidroviário, aeroviário, dutoviário e multimodal. Entre esses modelos, qual seria o mais vantajoso? Como poderemos avaliá-lo? Para cada localidade podem existir vários modais ou, às vezes, um só, porém, deveremos efetuar uma análise criteriosa de custos, em que não somente será visto o custo de peso por quilometragem, seguros, manipulação e estocagem (custos tangíveis), mas também todos os intangíveis (rapidez, facilidade, confiabilidade, segurança, rastreabilidade, garantia, perfeição e satisfação). A análise de custo-benefício é fator determinante na escolha do melhor modal de distribuição dos produtos.

Para efeito de comparação, no Brasil, mais de 57% dos transportes de cargas são efetuados pelo modal rodoviário, que só não é mais caro que o aeroviário. Na Tabela 4.1, vemos o volume de movimentação interurbana de carga nos Estados Unidos.

Tabela 4.1 Movimentação interna de cargas nos EUA, 2017

Modal	Volume milhões ton.	%
Ferroviário	141,3	29,0
Rodoviário	173,5	35,4
Hidroviário*	153,0	31,3
Dutoviário	10,7	2,3
Aeroviário	9,9	2,0
Total	488,4	100,0

* Inclui cabotagem.

Fonte: U.S. DEPARTMENT OF TRANSPORTATION (2017).

No Brasil, a utilização dos modais de transportes está assim distribuída: rodoviário 57,5%, ferroviário 21,2%, hidroviário 17,4%, dutoviário 3,5% e aéreo 0,4%, os quais estão plotados na Figura 4.1.

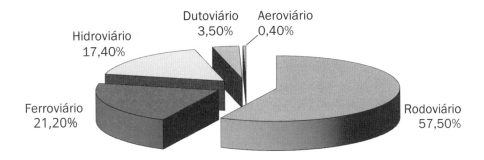

Figura 4.1 Gráfico de utilização dos modais de transportes no Brasil.

O serviço de transporte pode ser contratado diretamente pelo usuário, a não ser que seja interferido por um agenciador de frete, mas que não possui nenhuma capacidade própria de movimentação.

4.2.1 Os modais[1]

Ferroviário
É um sistema de transporte lento, de matérias-primas ou manufaturados, porém, de baixo valor para longas distâncias.
Anna Kudinova | 123RF

Rodoviário
Serviço de rotas curtas de produtos acabados ou semiacabados, oferece entregas razoavelmente mais rápidas e confiáveis de cargas parceladas. Assim, é o sistema mais competitivo no mercado de pequenas cargas.
Anna Kudinova | 123RF

Aeroviário
Apesar de ser um transporte caro, sua vantagem se dá por sua velocidade principalmente em longas distâncias, sem calcular o tempo de coleta e entrega e também o manuseio no solo. Sua vantagem em termos de perdas e danos é bastante segura, não há necessidade de reforços e embalagens, desde que o trecho terrestre não exponha a carga e que no aeroporto elas não estejam sujeitas a roubo.[1]
Anna Kudinova | 123RF

Hidroviário
A disponibilidade e confiabilidade são fortemente influenciadas pelas condições meteorológicas. Além de manusear mercadorias a granel, esse meio de transporte também leva bens de alto valor, principalmente operadores internacionais, que costumam transportar em contêineres.
Anna Kudinova | 123RF

Dutoviário
Sua movimentação é bastante lenta, mas a lentidão é compensada pelas 24 horas por dia de trabalho sem descanso. Fatores meteorológicos não são significativos, envolvendo elevado custo de capital e baixo custo operacional.
Alexander Kovalenko | 123RF

Drones e a logística

Os drones são uma tecnologia revolucionária que impactará na estratégia logística das empresas que já vêm investindo e estudado a possibilidade de efetuar entregas utilizando esse meio de movimentação de produtos. Logisticamente, algumas organizações já aplicam essa tecnologia dentro do modal aeroviário, realizando entregas em menor tempo, reduzindo custos e sem adversidades como o trânsito das grandes cidades (PRESTEX, 2017).

Na indústria da construção civil – a segunda maior do mundo (depois da agricultura), no projeto feito pelo arquiteto, tudo parece perfeito, mas, na obra em si, as coisas não são

---

[1] *Vide* subseção sobre drones.

tão perfeitas. E é na diferença entre o conceito e a realidade, em uma cascata de alterações de projetos e trabalhos que necessitam ser refeitos, com atrasos em cronogramas com elevados custos que os drones podem auxiliar para não haver tanto desperdício de insumos, tempo e dinheiro (ANDERSON, 2018). Nos Estados Unidos, em muitos prédios em construção, já podemos ver os drones atuando, levando do piso térreo aos demais andares diversos materiais que antes precisavam de outras formas de movimentação.

O mercado de aplicativos para drones explodirá à medida que forem desenvolvidas condições mais práticas e objetivas. Os drones continuarão a ser mais que veículos coletores de dados, e estão apenas começando a descobrir as possibilidades de aplicações para eles. Na agricultura, não servirão apenas para mapear plantações, mas, também, para pulverizá-las com pesticidas e até mesmo lançar novas sementes.

Para os modais de transporte logístico, apesar de todo o apoio da Tecnologia de Informação, muitos empecilhos fogem do controle dos planos que surgem a cada dia e os drones surgem como um modal aéreo alternativo e versátil para se adaptar às diversidades enfrentadas pela movimentação de cargas. Depois de alguns testes realizados por grandes empresas (como Google e Amazon) para realizar o frete com a utilização de drones, está se criando muita expectativa.

Alguns eventos sobre a utilização de drones comercialmente

Em várias partes do mundo, o uso de drones já faz parte da Logística de algumas empresas, porém, elas precisam seguir as regulamentações legais dos órgãos oficiais de cada país. Entregar pequenos pacotes usando drones é um sonho antigo da Amazon, que, em 2017, já entregou pequenos produtos para alguns clientes utilizando um drone. Nos Estados Unidos, entretanto, o maior receio é contar com um espaço aéreo assegurado para a circulação dessas máquinas (GUIMARÃES, 2019).

Em março de 2018, o governo da China expediu a primeira autorização oficial para o início de um serviço de entregas utilizando drones. A empresa autorizada foi a SF Express, uma das maiores organizações do ramo de logística do país, e a autorização foi direcionada para uma de suas subsidiárias, a Fengyu Shuntu Technology, inicialmente apenas para entregas em regiões rurais, distantes ou pouco povoadas do território chinês (DEMARTINI, 2018).

A Wing, divisão da Alphabet (dona da Google), empresa que atua no setor de entregas por meio de drones, vinha testando a entrega de produtos em domicílio desde o início de 2018, em uma parte da Camberra, capital da Austrália. Em um período de 18 meses, três mil entregas foram realizadas. Há pouco tempo, a Wing foi liberada pela Autoridade de Segurança da Aviação Civil (CASA, na sigla em inglês) da Austrália para dar início ao seu serviço de entregas em domicílio em caráter comercial (LIMA, 2019). Já em novembro de 2016, a Domino's (rede de *fast-food*) informou ter entregue duas *pizzas* utilizando um veículo aéreo não tripulado em uma cidade da Nova Zelândia.

A SMX System, em parceria com a Prefeitura Municipal de Rifaina, em São Paulo, realizou uma prova de conceito da solução de Drone Delivery da empresa. No dia 19/8/2018, realizou-se, com sucesso, a primeira entrega usando drone no Brasil. Essa foi a primeira entrega realizada por um drone após a regulamentação do setor, em maio de 2017. O drone utilizado foi o SMX-DLV-1, que está homologado na ANATEL, tem cadastro ativo na ANAC e obteve autorização do DECEA para realizar o voo. Segundo Samuel Salomão, fundador e CEO da SMX Systems, o tempo de entrega, que varia de 15 a 20 minutos, foi reduzido para 1,5 minuto (DRONESHOW, 2018).

Em 2019, a UPS, nos EUA, começou a transportar e entregar amostras médicas por meio de drones. Segundo artigo de Samuel Salomão no portal DroneShow (2019),

> Os voos estão ocorrendo no hospital WakeMed e no campus em Raleigh, na Carolina do Norte, como parte do Programa Piloto de Integração (IPP) de Drones no espaço aéreo americano, um programa de três anos para testar aplicações práticas dos drones. O primeiro voo foi no último dia 26 de março, e os drones agora voam pelo campus cerca de 10 vezes por dia, com possíveis planos de aumentar a frequência se a iniciativa for um sucesso. Este é o primeiro esquema de entregas por drones em formato comercial a ser aprovado pela Agência de Aviação Civil americana (FAA). As aeronaves podem transportar até 2,3 quilos de carga em distâncias que podem chegar até 20 quilômetros. Eles estão voando de forma autônoma ao longo de uma rota fixa pré-definida para este projeto.

O transporte aéreo de medicamentos e amostras médicas provou ser um dos usos mais atraentes para a tecnologia de drones para entregas. Em Ruanda, desde 2016, há drones que operam no transporte de bolsas de sangue. Em Madagascar e Ilhas Vanuatu, remédios e vacinas também estão sendo entregues de forma vitoriosa usando este novo modal aéreo de transporte.

Este é um novo desafio para as estratégias em logística, o amanhã já está em nossas portas.

4.3 INTEGRAÇÃO ENTRE OS MODAIS

Uma característica importante do serviço integrado é a livre troca de equipamentos entre os serviços modais. Existem dez combinações de serviço integrado: ferrorrodoviário, ferro-hidroviário, ferroaeroviário, ferrodutoviário, rodoaéreo, rodo-hidroviário, rododutoviário, hidrodutoviário, hidroaéreo e aerodutoviário. Todavia, nem todas têm praticidade econômica. A alternativa mais popular é o contêiner, o qual é empregado em muitas delas. A carga conteinerizada é transferível por todos os modais, menos pelo duto.

Temos, também, as agências e serviços de pequenos volumes que manipulam grande quantidade de pequenos carregamentos, até obterem uma carga cheia do modal. Essas empresas também oferecem o serviço de coleta e entrega. O correio é um serviço de entregas para pequenos volumes; suas taxas são calculadas pela distância da origem até o destino.

A expansão do comércio internacional desenvolveu-se graças ao sistema de transporte rápido, confiável e eficiente. O transporte mais barato permitiu às empresas domésticas tirar vantagens das diferenças nos custos do trabalho em nível mundial, assegurando matérias-primas de diversos lugares e colocando mercadorias competitivas em mercados distantes. O transporte internacional é dominado, normalmente, por operadores marítimos.

O principal problema que um gerente de transportes pode encontrar é a seleção do operador para transportar as mercadorias da empresa. Se for um serviço de terceiros, deve ser avaliado com base no balanço entre seus custos e desempenho, assim como o efeito indireto dessa escolha. O modal mais barato é geralmente o mais lento e que necessita do maior lote de movimentação. A melhor maneira seria balancear os custos de estoque com os custos de transporte, de forma a encontrar o mínimo custo total.

Os transportadores também podem ser avaliados com base na flexibilidade do operador, reciprocidade ou relacionamento de longo prazo com o transportador. A razão de possuir ou alugar uma frota é minimizar os custos e melhorar o desempenho das entregas. Se a utilização da frota for bem planejada, os custos de operação também serão menores.

A distribuição pelo sistema multimodal utiliza diversos modos de transporte, tais como: contêineres, carretas móveis, semitrailers etc., e envolve uma combinação de vias, como estradas, ferrovias, hidrovias e espaço aéreo. As metas principais para a utilização do sistema multimodal são as seguintes:

- redução no custo total;
- redução do tempo de trânsito em longos percursos;
- redução do impacto ambiental;
- redução do congestionamento nas rodovias;
- melhora do nível de serviço.

Torna-se, porém, de suma importância levar em consideração os fatores que devem atingir as metas mostradas na escolha do sistema ideal. E, para isso, cabe considerar:

- disponibilidade de vias;
- características do produto;
- volumes que serão movimentados;
- frequência das entregas;
- distância a ser percorrida;
- custo total;
- segurança do sistema.

Os avanços tecnológicos, principalmente da informática, têm causado um impacto significativo sobre as oportunidades de aperfeiçoamento da cadeia de suprimentos, trazendo como benefícios tanto a redução de custos como melhores níveis de prestação de serviço ao cliente. A informática tem permitido que se trabalhe com sistemas cada vez mais complexos e com níveis de estoque cada vez menores, tendendo à unidade, utilizando o sistema *Just-in-Time* e a distribuição *cross-docking*.

Essa nova visão de administrar materiais requer maior disponibilidade de informações, para que seja possível gerenciar os custos da cadeia de suprimentos de maneira muito mais eficiente. A informática apoia o sistema multimodal para rastrear e localizar os pedidos em trânsito, permitindo à empresa de transporte prestar serviços do mais elevado nível e, ao mesmo tempo, minimizar falhas e maximizar a utilização de seus ativos. Estabelece também

84 | Logística e Gerenciamento da Cadeia de Suprimentos • Pozo

uma ligação instantânea entre a empresa e seus clientes para receber e confirmar solicitações de transporte e para manter todos informados sobre a situação de determinados pedidos e as disponibilidades de estoque.

As principais áreas de interesse são o rastreamento por satélite, comunicações por satélite e intercâmbio eletrônico de dados (EDI), para conectar toda a cadeia de suprimentos, desde o recebimento, passando pela produção, indo até o ponto de venda. É uma tecnologia que cada vez mais será usada em conjunção com os pedidos feitos por computador e o reabastecimento automatizado, dando informações em tempo real, acelerando os deslocamentos ao longo da cadeia de suprimentos, otimizando os serviços e aumentando a lucratividade. Sem dúvida, a informática é fundamental para o sucesso da logística, particularmente se considerarmos toda a cadeia de suprimentos e a necessidade de informações disponíveis para que se identifiquem as soluções de maior eficácia em termos de custos e satisfação do cliente.

Vantagens competitivas e estratégias são usadas por operadores logísticos, sem dúvida nenhuma, uma das mais importantes tendências da logística empresarial moderna, tanto global quanto localmente. Uma comparação das características dos operadores logísticos com prestadores de serviços logísticos tradicionais pode ser vista no Quadro 4.2.

Quadro 4.2 Comparação das características dos operadores logísticos com prestadores de serviços logísticos tradicionais

Prestador de serviços tradicionais	Operador logístico integrado
Oferece serviços genéricos – *commodities*.	Oferece serviços sob medida – personalizados.
Tende a se concentrar em uma única atividade logística: transportes, ou estoques, ou armazenagem.	Oferece múltiplas atividades de forma integrada: transporte, estoque, armazenagem.
O objetivo da empresa contratante do serviço é a minimização do custo específico da atividade contratada.	Objetivo da contratante é reduzir os custos totais da logística, melhorar os serviços e aumentar a flexibilidade.
Contratos de serviços tendem a ser de curto a médio prazos (6 meses a 1 ano).	Contratos de serviços tendem a ser de longo prazo (5 a 10 anos).
Know-how tende a ser limitado e especializado (transporte, armazenagem etc.).	Possui ampla capacitação de análise e planejamento logístico, assim como de operação.
Negociações para os contratos tendem a ser rápidas (semanas) e em nível operacional.	Negociações para contrato tendem a ser longas (meses) e em alto nível gerencial.

O operador logístico é um fornecedor de serviços logísticos integrados, capaz de atender todas ou quase todas as necessidades logísticas de seus clientes, de forma personalizada. Temos, basicamente, dois tipos de operadores logísticos; os baseados em ativos e os baseados na informação e na gestão. Os operadores baseados em ativos são os que possuem investimentos próprios em transportes e armazenagem. Os operadores baseados na informação e gestão são os que não possuem ativos operacionais próprios. Utilizam os ativos de terceiros.

Os tipos de produtos predominantemente transportados por mais de um modal são *commodities*. Como cada vez mais se busca redução nos custos logísticos e maior confiabilidade no serviço prestado, o uso de mais de um modal é forte elemento de redução de custos e ganhos de competitividade. Tecnicamente, a integração entre modais ocorre entre vários tipos de modelos de transporte, tais como: ferroviário-rodoviário, aéreo-rodoviário, aquaviário-ferroviário, ferroviário-rodoviário-aquaviário-rodoviário etc. Nas operações intermodais, os terminais possuem papel fundamental na viabilidade econômica da alternativa.

As alternativas de transporte intermodal estão relacionadas no Quadro 4.3.

Quadro 4.3 Tipos de modais

Tipo 1	A ferrovia por meio de um vagão-plataforma movimenta a carreta do transportador rodoviário que é responsável pela carga.
Tipo 2	A ferrovia é responsável pela movimentação da carga. Tanto a carreta quanto o vagão são de propriedade da ferrovia. Existem variações desse tipo no que diz respeito à coleta e entrega. Existe a possibilidade de o próprio embarcador ser o responsável por essas atividades.
Tipo 3	O embarcador/cliente fornece a carreta e a ferrovia é responsável pela movimentação.
Tipo 4	Diferencia-se do tipo 3 apenas quanto à propriedade do vagão que, neste caso, é do embarcador.
Tipo 5	Caracteriza-se pela *joint-venture* entre transportador rodoviário e ferroviário. Um dos dois pode ser o responsável pela movimentação da carga.

No Brasil, podemos afiançar que os principais fatores para evolução da intermodalidade residem nos investimentos necessários em infraestrutura, os quais dependem muito de investimentos privados e públicos, e também do posicionamento das empresas (embarcadores) em avaliar sistematicamente as alternativas que estão surgindo.

4.4 DISTRIBUIÇÃO

A parte da logística de enorme importância para o resultado final de uma organização é o seu sistema de distribuição. A entrega dos produtos ao seu destino final, quer seja ele o consumidor final, o varejista, o atacadista ou outro fabricante, requer especial atenção e plena satisfação de suas necessidades. Atualmente, a gestão logística permite a integração de todos os setores que interagem diretamente para atender o cliente: administração de materiais, suprimentos, vendas, controle da produção, recebimento e entrega, sendo os dois últimos intimamente ligados ao processo de redução de custos de transportes.

Uma das principais atribuições ao setor de transporte é a de suprir o processo produtivo da empresa e os clientes no momento e lugar certos, na quantidade exata, no tempo certo e

86 | Logística e Gerenciamento da Cadeia de Suprimentos • Pozo

no menor custo a partir de um planejamento estratégico da missão da empresa, minimizando as necessidades de recursos financeiros e incrementando o lucro.

Evidentemente, a estrutura e a forma de operação do setor de transportes deverão ser em função do negócio e dimensão da empresa, sempre objetivando os menores custos operacionais e maior presteza na obtenção e distribuição de materiais e produtos. Em face dessas prioridades, frequentemente nos depararmos com questões críticas que, adequadamente equacionadas, trazem plena satisfação a todos – empreendedor e cliente. Essas questões importantes são:

- Como transportar?
- Quanto transportar?
- Quando transportar?
- Quem irá transportar?

Um dos métodos mais comuns de medir como nosso sistema de transporte está atuando é por meio do **grau de atendimento**, um percentual obtido da quantidade de produtos não entregues dividido pela quantidade de produtos vendidos em um determinado período de tempo.

Podemos expressar o grau de atendimento com a Fórmula 1:

GA = Quantidade de Produtos Não Entregues/Quantidades Vendidas

$$GA = \frac{QPNP}{QV} \tag{1}$$

Para melhor entendermos o grau de atendimento, iremos avaliar o Exemplo 4.3.

EXEMPLO 4.3

Uma empresa atacadista efetuou, no mês de março de 2014, a venda de 22.500 pedidos para serem entregues no mesmo mês. Porém, influenciada por diversos fatores, que afetaram suas operações, a empresa entregou no mesmo período somente 19.750 pedidos. Calcule o grau de atendimento da empresa.

$$GA = QPNP : QV \therefore GA = 19.750 \div 22.500 = 0,878 = 87,8\%$$

Portanto, o grau de atendimento dessa empresa nesse produto é de 88%.

4.5 ROTEIRIZAÇÃO

A roteirização, fator importante para a ótica da logística, busca desenvolver um diferencial estratégico no processo do sistema de transportes, planejando a distribuição de forma alinhada com os principais objetivos corporativos e estabelecendo diferenciais competitivos de mercado. Para reduzir os custos operacionais do negócio com um planejamento, organização e controle efetivo de suas atividades, pode-se prover melhores níveis de serviço e ampliar a satisfação do cliente.

Atualmente, a logística conta com *softwares* para planejar as rotas, auxiliando na redução dos custos não só com estoque e manutenção, mas também com os transportes.

4.5.1 O que é roteirização de transporte?

Para qualquer frete, é necessário um planejamento. Para levar uma carga de um ponto a outro é preciso definir um caminho mais adequado, considerando o trânsito, distância, pedágios, restrições de altura e tráfego de veículos de cargas, condição do asfalto e até mesmo riscos de segurança. Roteirização, portanto, é o planejamento das rotas que uma frota irá usar, para efetuar as entregas de forma mais eficiente, com menor custo e tempo. É aí que entra a tecnologia.

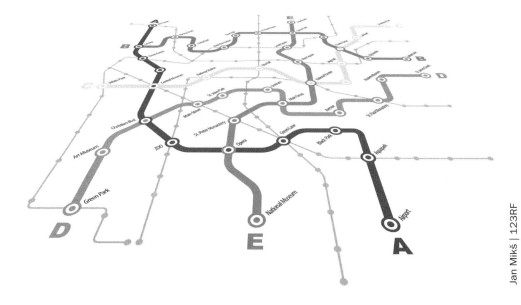

Existem diversos *softwares* de roteirização no mercado, cujas várias funções auxiliam no processo de automatizar essas decisões. As principais funcionalidades que um roteirizador deve ter são:

- definição e otimização das rotas;
- análise e determinação do tamanho da frota e capacidade dos veículos;
- planejamento e sugestão de veículos, de acordo com a carga, entregas e rota estabelecida.

Portanto, a roteirização ajuda a diminuir o consumo de combustível, reduzir a distância das entregas, reduzir o tempo gasto com planejamento e otimizar o processo. Enfim, é possível ter um controle maior da logística da frota. A roteirização é a maneira inteligente de realizar entregas e coletas de forma sistematizada.

Diante de mercados altamente dinâmicos e de forte concorrência, torna-se necessário que as empresas estejam preparadas para responder mais rapidamente e com flexibilidade as necessidades dos clientes e, assim, passem a dominar mercados. Dentro dessa característica visionária, a informação representa um fator diferencial e estratégico nas decisões e ações adotadas dentro dos processos logísticos das empresas.

A informação é o conhecimento derivado de dados, que, por sua vez, são representações de fatos quaisquer registrados independentemente do meio. Portanto, sabe-se que, em uma economia dinâmica, a única certeza que se tem é a incerteza dos fatores. Sendo o conhecimento um fator diferenciado e de poder para quem o possui, passa a ser fonte segura de vantagem competitiva. Portanto, a tecnologia da informação vem a ser elemento fundamental nas ações de organizar, analisar, movimentar e circular as informações por todo o negócio da empresa, abrangendo todos os níveis da organização.

Assim, na melhor interpretação dos fatos, faz-se necessário projetar um plano estratégico com as premissas básicas para a elaboração de modelos específicos estratificados. O conhecimento e o domínio de todos os componentes de um plano de todas as vias possíveis de utilização são de importância ímpar para compreensão de um sistema de roteirização eficaz e que produza resultados esperados para o pleno sucesso do negócio.

4.6 MODELAGEM

Temos uma primeira etapa, a fase de modelagem dos dados, na qual irá ocorrer a primeira análise do problema. O modelo inicial requer foco nos dados do negócio para que sua representação seja a mais próxima da realidade dos fatos de forma única e resumida. Assim, podemos elaborar um modelo conceitual, que irá representar a realidade mediante uma visão global, sendo observados os seguintes processos no planejamento da distribuição de um produto, conforme a Figura 4.2.

A previsão de demanda, o primeiro passo no processo a ser mapeado, consiste em estabelecer, a partir das necessidades de cada cliente, o perfil de consumo de cada setor, região e macromercado.

No segundo passo, conhecendo-se cada cliente e seus registros, bem como as informações de seus níveis de atividade, será possível um perfeito plano de atendimento das necessidades dos clientes dentro de uma ação cronológica de suas necessidades. Portanto, dentro desse plano irá se organizar a demanda diária e, assim, avaliar os recursos necessários.

O terceiro passo do processo no planejamento da distribuição é o planejamento e a roteirização dos veículos envolvidos para atender às necessidades dos clientes. Neste momento, os abastecimentos são sequenciados com a finalidade de otimizar o tempo de viagem, o número de veículos e a quantidade de pessoas envolvidas no processo, e assim, reduzir os custos totais no atendimento do mercado, ou seja, os custos de transportes. Com a roteirização, será possível, também, estabelecer o número de viagens de cada veículo por dia, além de identificar todas as necessidades de cada veículo.

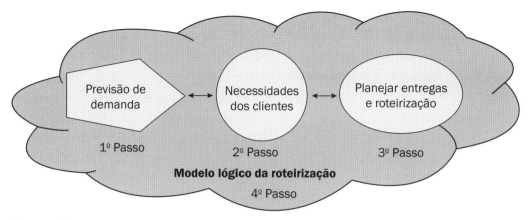

Figura 4.2 Modelo macro de plano de distribuição.

O quarto passo consiste em estabelecer um modelo lógico do problema, que será utilizado para determinar a estrutura lógica do banco de dados, além de proporcionar um detalhamento global de sua implementação.

No processo de planejamento da distribuição, observam-se os seguintes elementos, conforme o Quadro 4.4.

Quadro 4.4 Processo de plano de distribuição

Elementos	Ação
Estabelecimento	É a empresa que realiza o abastecimento de produtos.
Cliente	Pessoa física ou jurídica que consome os produtos da empresa. Pode possuir mais de um ponto de consumo para um mesmo produto ou para diversos.
Área	Segmentação geográfica da área de atuação da empresa.
Veículo	O modal de transporte que realiza o abastecimento de clientes.
Pessoas	Recursos responsáveis pela realização do transporte do produto e abastecimento dos clientes. São equipes compostas, normalmente, por um motorista e um ajudante.
Terminal	É um ponto de consumo em potencial de um único produto ou de diversos.

A roteirização é realizada por meio de um *software* que, utilizando os dados do sistema, estabelece a rota otimizada. Os dados do arquivo com a sequência das entregas são exportados para o sistema, e um arquivo previamente preparado pelo setor de TI com os pedidos dos clientes também é utilizado pelo sistema. Para cada área, setor, região ou território existe uma lista de veículos com ordem de prioridade para atender às entregas.

O sistema utiliza todas essas informações para realizar a roteirização, segundo a sequência fornecida pelo *software* até atingir a plena capacidade do veículo. Essa capacidade foi definida como no máximo *n* visitas ou, então, até atingir a cubagem do caminhão em função da quantidade de volumes. Quando um veículo atinge a capacidade máxima, o outro veículo da lista de prioridades começará a realizar a entrega a partir do ponto onde o último veículo parou, assim como mostrado na Figura 4.3.

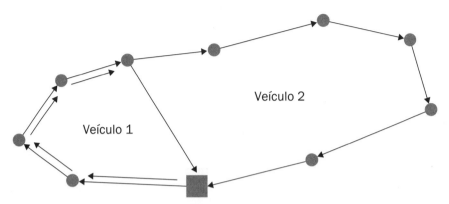

Figura 4.3 Roteirização utilizando *software*.

Os principais elementos de um *software* para roteirização, de acordo com Assad (1988), podem ser estabelecidos como apresentado no Quadro 4.5.

Quadro 4.5 Elementos e características do *software*

Elementos	Características
Característica	▪ diferentes tipos de veículos; ▪ coletes e entregas; ▪ janelas de tempo; ▪ tempo de carga/descarga; ▪ variação da velocidade; ▪ opção de contratação de serviços de terceiros.
Informação	▪ limite de capacidade do veículo; ▪ duração máxima do tempo de percurso; ▪ uso de horas extras; ▪ horário de início e término do roteamento; ▪ viagens de múltiplos dias, revezamento de motorista; ▪ locais fixos para paradas; ▪ múltiplos roteiros por veículos.
Objetivos	▪ minimizar distância; ▪ minimizar tempo de viagem; ▪ minimizar número de veículos; ▪ minimizar custo total.

Elementos	Características
Saídas	• itinerário e programação do roteiro; • relatório de utilização do veículo; • relatório da jornada do motorista; • gráficos para roteiros; • superposições com rede viária; • localização e endereços.

Um importante atributo para o pleno sucesso do sistema para roteirização de veículos consiste na precisão das informações geográficas sobre as localizações dos clientes e redes viárias.

4.7 CARGA DE DADOS

Após a elaboração da estrutura de dados que será utilizada pelo método proposto pela análise inicial, é preciso alimentá-la constantemente com informações reais e atualizadas. Esses dados são obtidos a partir dos cadastros existentes dos clientes do banco de dados no sistema de distribuição da empresa, da definição de parâmetros operacionais e da utilização de dados estatísticos, desenvolvidos com base nas informações históricas e construtos matemáticos.

A seguir, serão relacionados os parâmetros utilizados pelo processo de planejamento estratégico do sistema de distribuição, envolvendo: quantidades de horas, número máximo de horas normais e extras permissíveis diariamente, dos pernoites e seus tempos e a quantidade máxima de vezes que poderão ocorrer. Ao lado, estão relacionados alguns dados que deverão ser obtidos estatisticamente da empresa para aplicação matemática, que servirão de informações valiosas para o apoio das decisões.

Um dos princípios básicos do planejamento estratégico de distribuição consiste em otimizar todos os recursos do negócio, garantindo, assim, o pleno atendimento dos clientes e minimizando os custos de distribuição e proporcionando plena satisfação. Partindo desse pressuposto, o planejamento operacional passa a focar nos clientes que realmente precisam ser atendidos em suas necessidades e abastecimento. Quando houver certa ociosidade dos recursos, o método tentará encaixar outros possíveis clientes nas viagens, seguindo critérios de seleção.

Uma das principais ações da carga de dados é proporcionar meios de prever melhor a necessidade de cada um dos clientes e analisar a demanda coletiva ao longo do tempo, tendo em mente o horizonte de um período de tempo definido como padrão, de acordo com as exigências do mercado. A partir do perfil desses clientes e suas informações de consumo, poderão ser estimadas as datas de seus próximos abastecimentos.

Monta-se, assim um banco de dados dos abastecimentos anteriores de todos os clientes. Para cada viagem de entrega, as informações deverão conter dados sobre quilometragens, tempos gastos nos trechos entre clientes, tempos gastos em paradas de abastecimento, controle dos níveis iniciais de combustíveis etc. Também deverão ser controladas as variações de tempos e distâncias provocadas por problemas de trânsito e utilização de desvios de imprevistos, que deverão ser compensadas com os novos dados e seus respectivos históricos.

Quando no planejamento estratégico da distribuição definimos os clientes a serem atendidos devem ser utilizados modelos de roteirização que tenham múltiplas restrições e que considerem as limitações de capacidade e tempo de viagem. Essas restrições são determinantes, pois a empresa precisa contemplar adequadamente as capacidades de seus veículos e limites das jornadas de trabalho de seu pessoal.

A roteirização proporciona um plano estratégico de viagens para atender a todos os clientes programados, otimizando a utilização dos recursos e minimizando os custos. Quando o plano roteirizado não consegue atender a todos os requisitos de capacidade e de tempo, caberá tomar as seguintes ações:

- remanejar a demanda da área sobrecarregada (para os clientes que não poderão ser atendidos) para ser absorvida por outras áreas que possuam sobra de recursos;
- antecipar abastecimentos a fim de compensar a falta de recursos.

A distribuição física é o ramo da logística que trata da movimentação, estocagem e processamento de pedidos dos produtos finais da empresa para o pleno atendimento do cliente. A distribuição física preocupa-se, principalmente, em entregar ao cliente determinado pedido nas condições, preços e prazos solicitados.

O profissional de logística deve preocupar-se em garantir a disponibilidade dos produtos requeridos pelos clientes à medida que eles os solicitem, e em assegurar que isso seja feito a um custo razoável. Porém, muitas vezes, mesmo com um bom plano, os problemas de distribuição podem apresentar grande complexidade, frustrando esforços na tentativa de encontrar soluções ótimas. Diante de tais imprevistos, o abastecimento parcial dos clientes também pode vir a ser uma boa solução, de tal maneira que a viagem possa atender às restrições de capacidade e tempo.

Considerando que a distribuição de carga constitui um dos problemas típicos da logística, seguem as características básicas que envolvem o problema de roteirização:

- Região geográfica, que é dividida em zonas, cujos contornos podem ser rígidos ou, em alguns casos, podem sofrer alterações momentâneas para acomodar diferenças de demanda em regiões contíguas.
- A cada zona é alocado um veículo com uma equipe de serviço, podendo ocorrer outras situações, como, por exemplo, a utilização de mais de um veículo por zona.
- O serviço deverá ser realizado dentro de um tempo de ciclo predeterminado.
- A localização e utilização dos depósitos precisam ser programadas cuidadosamente.
- Remanejar a demanda da área sobrecarregada (para os clientes que não poderão ser atendidos) para ser absorvida por outras áreas que possuam excedente de recursos.
- Antecipar abastecimentos a fim de compensar a falta de recursos.

A gestão estratégica de distribuição com apoio de sistema informatizado de roteirização conduz a soluções otimizadas das tarefas diárias concernentes ao pleno êxito na utilização dos recursos disponíveis: pessoas, equipamentos, veículos e processos para o desempenho de excelência e, assim, garantir um fluxo otimizado do canal de distribuição até a chegada ao cliente para sua plena satisfação.

As configurações estratégicas de distribuição se dividem em três bases: entrega direta a partir de estoques de fábrica, entrega direta a partir de vendedores ou da linha de produção e entrega utilizando um sistema de depósitos. A gestão da distribuição física é tarefa que deve ser tratada em três níveis: estratégico, tático e operacional.

A distribuição em nível **estratégico** é a parte em que são decididas as estruturas globais do sistema de distribuição, como a localização dos armazéns, a seleção dos modais de transporte e o sistema do processamento de pedidos. Assim, percebe-se que o planejamento estratégico molda o sistema de distribuição em seus termos gerais.

A distribuição física em nível **tático** é a utilização de recursos disponíveis e no curto prazo. Quando uma empresa investe em alguma parte de seu sistema de distribuição, como, por exemplo, em caminhões, armazéns e outros, surge a problemática da utilização desses fatores de modo eficiente, exemplificando um problema tático.

A gestão **operacional** da distribuição nos propõe sobre as tarefas diárias concernentes ao gerente de distribuição e sua equipe em busca de um bom desempenho para garantir um fluxo otimizado do canal de distribuição até a chegada ao cliente.

Para finalizar, temos no mercado uma grande variedade de *softwares* para a roteirização. Com tantas opções, muitas vezes pode ficar difícil escolher um programa ideal para a empresa. E para não errar na escolha, é necessário sempre pensar na real necessidade da organização. A seguir, perguntas que podem ajudar nessa escolha:

- Quais as reais necessidades da empresa?
- Existe alguma restrição que o sistema deva considerar?
- Quais os problemas que a roteirização precisa resolver?
- Quanto posso gastar e qual o retorno?

Algumas características importantes para simplificar a comparação entre os sistemas são:

- gerar rotas para diversos veículos e destinos simultaneamente;
- cadastro de horários de trabalho dos motoristas e integração dessa informação no planejamento da rota;
- cadastro de informações sobre a carga, como peso, volume, tipo e valor;
- planejamento de rotas com restrições de prazo;
- estimativa do tempo de entrega para cada rota;
- flexibilidade para mudanças e ajustes;
- equipe de suporte disponível e eficiente para o caso de problemas com o *software*.

ESTUDO DE CASO

DISTRIBUIÇÃO E OTIMIZAÇÃO DE UM CONGLOMERADO FARMACÊUTICO XZMO

Um dos maiores conglomerados farmacêuticos do mundo, uma organização que tem crescido organicamente e por meio de aquisições, apresentou-se com um projeto de rede de distribuição.

O DESAFIO FOI DESENVOLVER

Planos táticos de curto prazo para otimizar individualmente as redes de distribuição de mercadorias para cada uma das oito empresas da divisão do conglomerado. Um plano estratégico de longo prazo para integrar as redes das empresas da divisão em um sistema otimizado.

As oito empresas do conglomerado produzem e comercializam produtos que atendem todo o espectro do mercado. Cada empresa, também, tem a sua própria organização logística, que gerencia uma rede de distribuição de seus produtos e pode conter uma combinação variável de locais e operações de distribuição de terceiros. Uma rede de divisão, por exemplo, contém sete operações de distribuição. Normalmente, nenhuma das operações de uma divisão é compartilhada com outras divisões. Além disso, enquanto todas as empresas da divisão estão operando com um *software* de ERP, eles são executados em diferentes versões modificadas que inibem a sua conectividade em nível corporativo. Consequentemente, a tarefa de recolher os dados necessários para o projeto foi muito prejudicada.

Com o objetivo principal de otimização da rede de distribuição corporativa para longo prazo, o projeto começou em cada uma das empresas da divisão em nível de grupo e de produtos e se desenvolveu para produzir a otimização da rede de divisão de cada empresa antes de realizar um trabalho sobre a rede corporativa. Seguindo uma uniformidade de trabalho com abordagem para alcançar os objetivos do projeto final, a empresa incluiu o uso de uma ferramenta de modelagem de rede para avaliar todas as alternativas de rede em nível individual e de grupo de produtos para facilitar o *roll-up* dessas conclusões em nível de divisão e, em seguida, em nível corporativo.

Como consultores da cadeia de suprimentos, a opção de utilizar várias ferramentas de modelagem foi uma ação importante. Selecionamos o *software* Supply Chain Guru, por Llamasoft, uma vez que foi particularmente adequado para esta tarefa e desde que foi expansível a partir de um nível regional (local) para um nível global.

OS RESULTADOS

O processo utilizou a abordagem para otimização de redes; inicialmente, a empresa, individualmente, incluiu estrutura e compreensão da estrutura organizacional, as suas categorias de produtos, características dos produtos relacionados, locais de produção, a sua base de clientes, requisitos dos serviços relacionados e sua rede existente. Os passos seguintes incluíram coleta de volumes, custo atual, previsão de armazenamento e de transação, carregamento, validação da ferramenta de modelagem de rede, seleção de alternativas de localização por grupo de produtos, execução do modelo e, em seguida, avaliação dos resultados para identificar a rede modelada ideal. Posteriormente, e com base na rede modelada ótima, foi identificada a rede prática ótima. Os fatores avaliados para identificar a prática de rede abrangeram disponibilidade de transporte, confiabilidade, disponibilidade de um provedor terceirizado e qualificado, disponibilidade de trabalho e estabilidade, várias preocupações de risco, incentivos governamentais etc.

No início da implantação, milhões de dólares em reduções de custos realizáveis de curto prazo foram identificados em nível de cada empresa da corporação, e quanto à rede corporativa no plano estratégico de longo prazo foram identificados milhões de dólares em oportunidades adicionais de redução de custos viáveis. As fases do projeto de implementação estão começando agora em muitas das divisões. Possivelmente, alguns ou todos os trabalhos relacionados com a cadeia de fornecimento descritos neste caso são aplicáveis a outras empresas.

Questões para discussão:

1. Qual é o objetivo primordial da XZMO?
2. Quais as ações tomadas no projeto? Detalhe.
3. Por que a empresa iniciou o desenvolvimento do projeto individualmente em cada empresa, e não na corporação?
4. Como se pode dizer que as reduções serão em milhões de dólares?
5. Dê seu parecer sobre o caso.

QUESTÕES para revisão

1. Explique a importância dos transportes para as empresas.
2. Qual é a função do transporte?
3. Quais os elementos fundamentais para definir um sistema de transporte para uma indústria específica?
4. O que é um sistema integrado de transportes?
5. Qual a diferença entre um operador logístico e um de transporte?
6. O que é um transporte intermodal?
7. Qual a finalidade de um sistema de roteirização?
8. O que é uma carga de dados?
9. Quais as características básicas que envolvem o problema de roteirização?
10. Como resolver os problemas modernos de transportes?
11. Qual a importância de um *software* de roteirização?
12. Quais os elementos necessários para uma roteirização eficaz?

Capítulo 5
GERENCIAMENTO DA CADEIA DE SUPRIMENTOS

Assista ao vídeo do autor sobre este Capítulo.

O Gerenciamento da Cadeia de Suprimentos (GCS), ou mais comumente *Supply Chain Management* (SCM), tem representado uma nova e promissora fronteira para empresas interessadas na obtenção de vantagens competitivas de forma efetiva. O SCM nos direciona para uma atitude em que as empresas devem definir suas estratégias competitivas mediante um posicionamento, tanto como fornecedores quanto como clientes, dentro das cadeias produtivas nas quais se inserem. O pressuposto básico da gestão da cadeia de suprimentos abrange toda a cadeia produtiva, incluindo a relação da empresa com seus fornecedores e seus clientes. O *Supply Chain Management* também introduz uma importante mudança no desenvolvimento da visão de competição no mercado.

O objetivo básico no SCM é maximizar e tornar realidade as potenciais sinergias entre as partes da cadeia produtiva, de forma a atender o consumidor final mais eficientemente, por meio da redução dos custos. Práticas eficazes têm sido implementadas nas principais organizações do mundo todo, as quais têm visado à simplificação e obtenção de uma cadeia produtiva mais eficiente e lucrativa. A redução dos custos tem sido obtida, a partir da adição de mais valor aos produtos finais, com a redução do volume de transações de informações e dos custos de transporte e estocagem e diminuição da variabilidade da demanda de produtos e serviços finais.

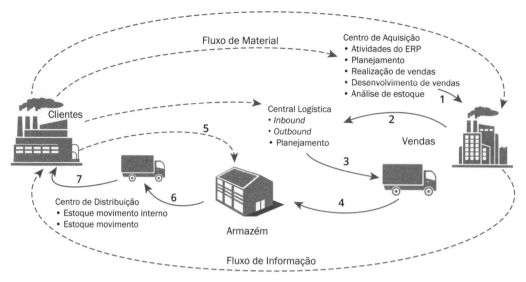

Figura 5.1 O *Supply Chain Management* (SCM) ou Gerenciamento da Cadeia de Suprimentos (GCS).

O professor Bowersox (1986), da University of Michigan, apontou em seu livro *Logistic Management*, que o sistema logístico não é restrito ao campo dos negócios nem ao militar. É aplicável a todas as atividades industriais e comerciais de empresas públicas e privadas. Em seus trabalhos, ele também aplicou os seguintes termos para ilustrar parte ou todas as atividades de logística: logística empresarial, materiais de distribuição física, gerenciamento logístico, gerenciamento de materiais, fornecimento físico, logística de distribuição, distribuição total, suprimentos e planejamento. Ele também avançou um modal de logística que transformou-se em Gerenciamento da Cadeia de Suprimentos, como ilustrado na Figura 5.2.

Para a obtenção de melhores resultados e sucesso em seus procedimentos, recomendamos a prática dos cinco passos do SCM, conforme apresentado no Quadro 5.1.

Quadro 5.1 Os cinco passos para o SCM

Passos	Descrição
Passo 1 Integração da infraestrutura com clientes e fornecedores	A integração dos sistemas de informações, principalmente computacionais, e o crescente uso de sistemas como o EDI (*Electronic Data Interchange*), entre fornecedores, clientes e operadores logísticos, têm permitido a flexibilização do atendimento ao cliente e a forte redução de custos. Essas práticas têm proporcionado trabalhar com entregas *Just-In-Time* e diminuir os níveis gerais de estoques.
Passo 2 Reestruturação do número de fornecedores e clientes	Significa reestruturar, normalmente, por meio da redução do número de fornecedores e clientes, construindo e aprofundando as relações de parceria com o conjunto de empresas com as quais realmente se deseja desenvolver um relacionamento colaborativo e forte que proporcione uma ação sinergética.

Passos	Descrição
Passo 3 Desenvolvimento integrado do produto	O envolvimento dos fornecedores desde os estágios iniciais do desenvolvimento de novos produtos (*Early Supplier Involvement*) tem proporcionado, principalmente, uma redução no tempo e nos custos de desenvolvimento dos produtos e, principalmente, atendendo os requisitos reais do cliente.
Passo 4 Desenvolvimento logístico dos produtos	Permite que a concepção dos produtos seja projetada visando a seu desempenho logístico dentro da cadeia de suprimentos e as reduções de custo em todo seu processo e facilidades de atendimento do cliente.
Passo 5 Cadeia estratégica produtiva	É a estruturação estratégica e a compatibilização dos fluxos da cadeia de suprimentos da empresa e controle das medidas de desempenho atreladas aos objetivos da cadeia produtiva como um todo.

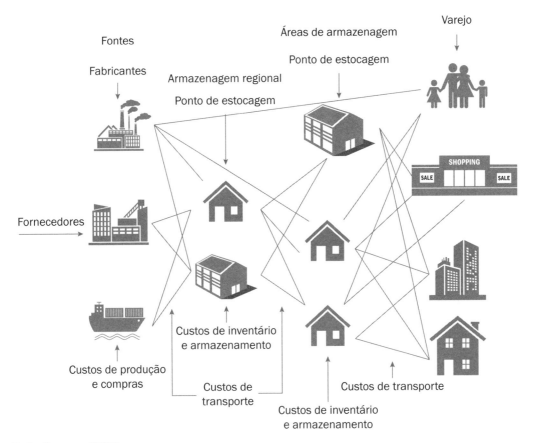

Fonte: Bowersox (1986).
Figura 5.2 Fluxograma da cadeia de suprimentos.

Por fim, outro conceito importante no SCM é o de *outsourcing*, que teve origem com áreas tidas como secundárias e, atualmente, é fortemente utilizado nas áreas de manufatura, manutenção, distribuição e marketing. *Outsourcing* é a ação em que parte do conjunto de produtos e serviços utilizados pela empresa, dentro de uma cadeia produtiva, é providenciada por uma terceira empresa, em um relacionamento colaborativo e interdependente.

Essa terceira empresa desenvolve continuamente a melhora e a competência em atender o cliente. Porém, o cliente não deixa de manter uma estreita e colaborativa integração com a empresa. É importante ressaltar que o *outsourcing* não é o que muitos pensam, ou seja, subcontratação ou terceirização. O *outsourcing* é, em sua essência, uma relação de parceria e cumplicidade muito forte e de extrema lealdade com um ou mais fornecedores da cadeia produtiva com visão estratégica. O SCM tem crescido fortemente no mundo e, agora, no Brasil. Os avanços são muito significativos tanto na área de serviços como na industrial.

5.1 REPOSIÇÃO EFICIENTE E *SUPPLY CHAIN*

A concorrência exige que as empresas se tornem competitivas, portanto, elas devem se preparar cada vez mais para competir em seu setor de atividade. O *Supply Chain Management* (SCM) é apontado por alguns autores como meio de auxílio à vantagem competitiva (BOWERSOX; CLOSS; COOPER, 2006; POZO, 2014), podendo, nesse caso, ajudar as empresas a serem mais competitivas diante de seus concorrentes. Nesse contexto, a busca pela integração das empresas com seus clientes e fornecedores por meio do SCM se faz necessária, a fim de tornar a vida do microempresário mais ágil e consistente de informações.

O trabalho de R. Martins e colaboradores (2011) traz um estudo sobre a cadeia de suprimentos, examinando a experiência de uma indústria, em particular. Esse estudo concluiu que há um impacto positivo na integração de agendas de uma cadeia de suprimentos, sugerindo que as empresas constroem vantagem competitiva pela proximidade umas das outras, próximas de seus fornecedores, proporcionando redução de custos.

Entretanto, muitas empresas tendem a optar por continuar a trabalhar isoladamente. Iacono e Nagamo (2009) identificaram alguns fatores que podem inibir a colaboração entre as empresas, tais como: falta de informação, falta de capital ou escassez de recursos financeiros, mão de obra com pouca qualificação, limitações de recursos com máquinas e equipamentos, falta de confiança, cultura organizacional, limitações de capacidades das empresas, conflito de interesses entre empresas, falta de visão holística do negócio, tecnologia obsoleta e taxa de juros.

Gerenciar atividades empresariais separadamente incorre em riscos desnecessários para a organização. Para os autores, a integração de todas as atividades logísticas e a constante troca de informações se trata de um processo único, objetivando satisfação das necessidades do cliente final. Conforme Pozo (2014), a logística é perfeita quando há integração total da administração de materiais e a plena satisfação de clientes e acionistas na distribuição física de produtos e serviços.

O objetivo do compartilhamento de informações é aprimorar a eficiência (BOWERSOX; CLOSS; COOPER, 2006), porém, uma informação imprecisa ou distorcida poderá trazer mais problemas do que benefícios a uma organização. Para o sucesso do processo logístico, é importante ter um sistema de informação que agilize a resposta ao consumidor, armazenando os dados no computador de modo a tornar os procedimentos mais estruturados.

Entretanto, Bowersox, Closs e Cooper (2006) reforçam que a qualidade da tecnologia não é acompanhada pela qualidade da informação, podendo gerar inúmeros problemas operacionais, tais como: informações recebidas incorretas, ou informações processadas de modo divergente ao solicitado pelo cliente.

5.2 GESTÃO DA CADEIA DE SUPRIMENTOS

A Gestão da Cadeia de Suprimentos (GCS) é uma disciplina emergente e em fase de consolidação. Slack (2006, p. 317) define a GCS como: "A gestão da cadeia completa do suprimento de matérias-primas, manufatura, montagem e distribuição ao consumidor final", também conhecida por Pozo (2014) como *Supply Chain Management* (SCM) e por Ballou (2006) como Gerenciamento da Logística Empresarial Neste capítulo, será tratado como SCM.

Em Ballou (2006), encontra-se a definição da logística empresarial como as atividades de movimentação de materiais e armazenagem que facilitam o fluxo de produtos desde a obtenção da matéria-prima até o ponto de consumo final, adequado aos clientes a um custo razoável. O autor destaca a importância do sistema de transporte, administração de tráfego, manuseio e armazenagem de produtos e informações de planejamento logístico como atividades necessárias para deixar produtos e serviços disponíveis aos clientes no momento, local e forma desejados.

Lambert e Stock (2001) definem logística como o processo que engloba do planejamento, implementação e controle do fluxo ao armazenamento eficiente e econômico de matérias-primas, materiais semiacabados e produtos acabados, assim como as informações a eles relativas, de sua origem até finalmente seu consumo, objetivando atender às exigências dos clientes.

A importância do conceito estende-se ainda mais quando se inclui a questão do valor para o cliente, pois um sistema logístico integrado propicia maior confiabilidade na entrega, agregando benefícios ao produto oferecido, e tal valor é percebido pelos clientes. Pesquisas têm demonstrado, empiricamente, que a percepção desses benefícios é alta para produtos intangíveis, como no caso de serviços.

A excelência logística tem se tornado uma poderosa fonte de vantagem competitiva. Empresas passaram a enxergar a logística, nas décadas de 1980 e 1990, não mais como uma simples fonte de redução de custos, mas também como fonte de melhoria dos produtos e serviços oferecidos aos clientes, dando início à inclusão do SCM como diferencial no custo.

Existem várias definições que podem ser consideradas para o SCM, pois, como todas as abordagens de negócio, são padrões em constante alteração; torna-se arriscada a proposição de um conceito definitivo. Entretanto, em termos de seus objetivos, pode-se dizer que:

> SCM é uma filosofia de administração que busca unificar as competências centrais, os recursos e as funções de negócio presentes tanto na organização como fora dela de modo a agregar valor nos serviços oferecidos a seus consumidores (ROSS, 1998).

O SCM é uma filosofia que pode ser aplicada em qualquer empresa, embora muitos fatores possam se tornar barreiras para sua implementação. Para Chopra e Meindl (2003, p. 369), um obstáculo será "qualquer fator que resulte tanto na otimização local dos estágios da cadeia de suprimentos, como no aumento da distorção e variabilidade de informações na cadeia de suprimentos".

O objetivo básico do SCM é criar sinergia entre as partes da cadeia produtiva, atingindo eficientemente o consumidor final por meio da redução de custos e melhorando a satisfação do cliente final, exigindo muita cooperação entre as organizações. Para Pozo *et al.* (2019), o objetivo do SCM é controlar o custo total, melhoria da qualidade, maximização da gama de serviços ao consumidor e, assim, ampliar os lucros. O SCM visa parcerias estratégicas, com interesse de beneficiar toda a cadeia, englobando processos de negócios, clientes e fornecedores e a integração de todas as atividades logísticas, sendo hoje uma realidade do mundo empresarial.

Notoriamente, integrar processos internos e externos das empresas está bem longe de ser uma tarefa fácil, contudo, quando uma empresa consegue efetivamente gerenciar e trabalhar bem o SCM, alcança objetivos como: aumento da cota de mercado e crescimento de vendas, redução do nível de inventário, redução dos custos de SCM, redução dos tempos de entregas, flexibilidade no atendimento dos itens solicitados pelos clientes, melhora na precisão das previsões (KATUNZI, 2011).

O enfoque sobre as inter-relações empresariais e a habilidade para explorá-las não deve ser limitado ao universo corporativo de unidades empresariais. O próprio autor considera que a busca de inter-relações por alguns concorrentes está compelindo outros a fazerem o mesmo, ou a se arriscarem a perder sua posição competitiva.

De um modo geral, para a produção dos veículos automotivos, que requerem processos eficientes e produtos inovadores, há necessidade de processos reativos que atendam à demanda do cliente com segurança e mantenham o equilíbrio da produção. O *comakership*, segundo Martins e Laugeni (2006), é uma abordagem no relacionamento fornecedor/cliente que evoluiu conforme a necessidade de o cliente atingir com eficiência seu objetivo final. A escolha do fornecedor passa por níveis de avaliações para que se obtenha sua ajuda no projeto do produto, na análise e melhorias do processo produtivo, garantindo a qualidade, para que ambos saiam ganhando, pois uma grande vantagem na compra pode gerar um grande impacto no lucro.

Bowersox, Closs e Cooper (2006) argumentam que, combinados o *postponement* de logística e o *postponement* de produção, é possível reduzir a natureza antecipatória dos negócios; entretanto, é imprescindível a cooperação e o compartilhamento de informações entre os membros constitutivos da cadeia de suprimentos. Os dois tipos de postergação reduzem os riscos, mas de maneira diferente. O *postponement* de produção concentra-se na forma do produto, movendo itens inacabados para frente no sistema logístico para modificação antes da entrega.

A qualidade de serviço fornecida pelas montadoras de veículos automotores aos clientes tem sido uma variável de desempenho atualmente apontada como medida-chave de competitividade de uma companhia. A cadeia da qual faz parte, devidamente estruturada, oferece suporte na adoção das melhores práticas para atender suas demandas não apenas pelos produtos gerados a partir de seu processo de negócio particular, mas a partir de todas as demais originadas na **interface** com os outros associados.

Pela clareza com que as funções em cada processo da cadeia são definidas, torna-se mais simples tomar decisões operacionais, principalmente aquelas voltadas à sincronização e ao ajuste fino entre operações internas. Na maioria das vezes, esses ajustes consistem em padronização de formatos de dados para uso nos sistemas de informação, ou de procedimentos operacionais internos que visam à execução de tarefas de modo homogêneo. A estrutura da cadeia de suprimentos é um sistema composto de potenciais fornecedores, fabricantes, distribuidores, varejistas e consumidores. Essas unidades se conectam por intermédio de fluxos bidirecionais de materiais, financeiros e de informação. Também pode-se destacar três fluxos da cadeia de suprimentos: informação, materiais e financeiros, e esses fluxos também estão presentes nas redes de fornecimento de peças automotivas.

Sob a perspectiva da cadeia de suprimentos, existe uma correlação entre o alinhamento dos relacionamentos empresariais e o desempenho dos fornecedores. Quando a posição de poder é dominada pelos compradores, há uma tendência para a proatividade, considerando como a aproximação e desenvolvimento dos fornecedores e novos produtos facilitam as iniciativas de integração e também do SCM.

Para implementação do SCM, segundo Richey *et al.* (2010), as barreiras são muitas vezes difíceis de serem superadas, por motivos associados à resistência à mudança. Entretanto, nessa mesma pesquisa, os autores demonstram em seus resultados que os facilitadores à integração têm maior impacto no desempenho do que as barreiras, destacando alguns facilitadores como: compartilhamento de informações, comunicação, metas e objetivos comuns. Porém, a mudança e compartilhamento de informações entre as pessoas ainda são vistos como ameaçadores, pois muitas delas temem perder o emprego.

5.3 BARREIRAS DE IMPLEMENTAÇÃO

Um ponto importante é saber quais barreiras deveriam ser enfrentadas para o sucesso da implementação do SCM, e incluímos nesta lista falta de confiança, incapacidade de compreender a importância da cadeia de suprimentos, medo da integração por associar a perda de controle, metas e objetivos desalinhados, problemas com sistema de informação e a complexidade sobre a cadeia de suprimentos.

Com o interesse de conhecer as barreiras e/ou obstáculos existentes para coordenar uma implementação do SCM, serão utilizados como base Chopra e Meindl (2003). Os autores dividem as barreiras em cinco categorias (as quais serão detalhadas a seguir): barreiras de incentivos, barreiras de processamento de informações, barreiras operacionais, barreiras de preços e barreiras comportamentais.

5.3.1 Barreiras de incentivos

As barreiras de incentivos ocorrem quando os ganhos não atingem toda a cadeia, pois os incentivos são passados a estágios diferentes da cadeia. Um bom exemplo seria o caso de

104 Logística e Gerenciamento da Cadeia de Suprimentos • Pozo

oferecer uma recompensa ao gerente de transportes vinculada ao custo médio de transporte por unidade. Nesse caso, os esforços do gerente serão para reduzir os custos de transporte, mesmo que haja a necessidade de elevar o custo de estoques ou prejudicar o serviço ao cliente.

5.3.2 Barreiras de processamento de informações

As barreiras de processamento de informações são situações em que ocorrem distorções de informações de demanda, entre os diferentes estágios da cadeia de suprimentos, levando a uma variabilidade maior nos pedidos. Para facilitar o entendimento, os autores subdividem as barreiras de processamento de informações em:

a) **previsões baseadas em pedidos e não na demanda do cliente:** quando as previsões baseiam-se nos pedidos recebidos, a variabilidade na demanda do cliente é ampliada, conforme os pedidos vão se dirigindo para a parte superior da cadeia, tanto para fabricantes como para fornecedores, pois quando a informação não chega clara aos demais níveis da cadeia de suprimentos, haverá o chamado efeito chicote.

b) **falta de compartilhamento de informações:** as informações dentro dos estágios da cadeia de suprimentos devem ser claras, na medida em que a falta de informação poderá se transformar em efeito chicote. Exemplo disso seria um estágio da cadeia realizar uma promoção, porém não informar aos demais; o fornecedor poderá supor que houve um aumento da demanda e fazer pedidos considerando essa suposição, resultando, nesse caso, em um aumento no estoque.

5.3.3 Barreiras operacionais

As barreiras operacionais são ações realizadas no período entre a emissão e atendimento dos pedidos, levando ao aumento da variabilidade, e se dividem em subitens:

a) **Pedidos em lotes grandes:** as empresas optam muitas vezes por realizar compras em grandes lotes com o objetivo de redução de custos (por exemplo, frete) ou, ainda, pelos descontos concedidos a partir do tamanho do lote; entretanto, isso amplia a variabilidade da cadeia de suprimentos.

b) **Longos *lead times* de ressuprimento:** quando os *lead times* de ressuprimento entre os estágios são longos, a probabilidade de existir o efeito chicote é alta; isso ocorre, principalmente, quando a informação é interpretada erroneamente, ou seja, um dos elos da cadeia de suprimento com *lead time* de duas semanas interpreta a informação errada do outro elo; este crescimento será incorporado ao longo das duas semanas, e a situação será pior conforme o *lead time* for maior.

5.3.4 Barreiras de preço

As barreiras de preço são situações em que as políticas de preço do produto levam ao aumento na variabilidade da emissão de pedidos. Para maior esclarecimento, esse item está assim dividido:

a) Descontos por quantidade baseados no tamanho do lote: quando existe o desconto por quantidade do lote, isso tende tende a trazer alguns benefícios para a empresa; entretanto, ao aumentar o tamanho do lote dos pedidos feitos na cadeia de suprimento, é amplificado o efeito chicote na cadeia.

b) Oscilações de preço: as empresas tendem a aproveitar uma promoção de preço oferecida pelo fabricante, podendo ocorrer, nesses casos, compras antecipadas e em grandes quantidades a fim de suprir a necessidade futura; entretanto, não se atentam que, com essa atitude, outros aspectos devem ser considerados, como o aumento do custo de armazenagem.

5.3.5 Barreiras comportamentais

Essas barreiras com problemas de atitude nas organizações estão resultando no efeito chicote. Para os mesmos autores, os problemas muitas vezes estão ligados ao modo como a cadeia de suprimentos é estruturada e à comunicação entre os estágios. Chopra e Meindl (2003) elencam alguns itens como barreiras comportamentais:

a) Os estágios da cadeia de suprimentos se preocupam apenas com suas ações locais, deixando de se preocupar com os efeitos de suas atitudes e impactos ao próximo estágio.

b) Cada estágio se preocupa em resolver seu problema local, e dificilmente foca na raiz do problema.

c) Os estágios tendem a culpar o outro após as análises locais, fazendo com que os estágios sucessivos acabem tornando-se rivais, e não parceiros.

d) Aprender com os erros é uma tarefa difícil, pois quando um estágio erra, quem sofre as consequências mais significativas é o outro estágio, dificultando, assim, o conhecimento do erro para aprender com o mesmo. O resultado disso é um círculo vicioso, no qual um estágio realiza uma ação causando um problema, mas não assume a culpa e a transfere para o outro estágio.

e) A falta de confiança prejudica o desempenho geral da cadeia, resultando, muitas vezes, em trabalho dobrado, e o mais importante é o fato de que a falta de credibilidade da informação faz com que a informação disponível nos diferentes estágios não seja compartilhada.

Para reforçar, Katunzi (2011) traz alguns itens como essenciais para a integração da cadeia de suprimentos, sendo: cooperação, colaboração compartilhamento de informações, confiança, parceria, tecnologia compartilhada.

Na visão das distorções de informações e a dificuldade de visualizar a informação ao longo da cadeia, surge um problema comum no processo de integração. Essa falta de informações na cadeia de suprimentos já vem de longo tempo. A falta de compartilhamento de informações também poderá resultar em compras de materiais em quantidades maiores do que as que serão utilizadas; nesse caso, os espaços para armazenagem deverão ser maiores, e, conforme Pozo (2014), os custos de armazenagem e manuseio de mercadorias podem variar de 10 a 40% das despesas logísticas de uma firma. Para este autor, a justificativa das empresas pela existência do espaço físico para armazenagem relativamente grande e, por consequência, elevados estoques, é: (i) reduzem os custos de transporte e de produção; (ii) auxiliam o marketing e o atendimento ao cliente; e (iii) a coordenação da área de suprimentos é mais fácil.

Como método para amenizar os problemas de informações, na ausência do fornecimento real dos dados, os membros da cadeia acabam esculpindo os dados em sistemas ERP (*Enterprise Resource Planning*).

5.4 INTEGRAÇÃO DA INFRAESTRUTURA COM CLIENTES E FORNECEDORES

A integração dos sistemas de informações, principalmente computacionais, e o crescente uso de sistemas como o Electronic Data Interchange (EDI), entre fornecedores, clientes e operadores logísticos, têm permitido a flexibilização do atendimento ao cliente e uma forte redução nos custos. Essas práticas permitem não só trabalhar com entregas *Just-In-Time*, mas também diminuir os níveis gerais de estoques. Para tanto, torna-se necessário entender alguns conceitos:

a) **reestruturação do número de fornecedores e clientes:** significa reestruturar, normalmente, por meio da redução do número de fornecedores e clientes, construindo e aprofundando as relações de parceria com o conjunto de empresas com as quais, realmente, se deseja desenvolver um relacionamento colaborativo e forte que proporcione uma ação sinergética;

b) **desenvolvimento integrado do produto:** o envolvimento dos fornecedores desde os estágios iniciais do desenvolvimento de novos produtos (*early supplier involvement*) tem proporcionado uma redução no tempo e nos custos de desenvolvimento dos produtos e, principalmente, atendimento dos requisitos reais do cliente;

c) **desenvolvimento logístico dos produtos:** permite que a concepção dos produtos seja projetada visando seu desempenho logístico dentro da cadeia de suprimentos visualizando as reduções de custo em todo seu processo e facilidades de atendimento do cliente;

d) **cadeia estratégica produtiva:** é a estruturação estratégica e a compatibilização dos fluxos da cadeia de suprimentos da empresa e controle das medidas de desempenho atreladas aos objetivos da cadeia produtiva como um todo.

5.5 *CUSTOMER RELATIONSHIP MANAGEMENT* (CRM)

Os clientes estão cada vez mais perto da concorrência. Com a expansão da Internet, mesmo a distância, o concorrente está muito próximo para que o cliente encontre novos produtos. Com isso, os setores corporativos de marketing e propaganda tiveram que se adequar para enfrentar essa nova realidade. Portanto, não basta ter um bom produto ou serviço, é necessário conhecer muito bem o cliente; preço já não é um diferencial para fidelização. Tudo isso faz com que a empresa crie valor e os clientes fiquem mais satisfeitos.

O CRM é uma estratégia de natureza organizacional, e por isso não pode nem deve ser conduzida por um departamento apenas, como o de marketing, vendas, atendimento, ou a área de TI, mas envolver a empresa como um todo. Segundo Brown (2001), o "CRM pode ser entendido como uma estratégia, porque conhecendo o cliente podemos aproveitar as oportunidades e criar valor para que ele sempre volte". É como se a empresa toda estivesse olhando para o cliente com um único pensamento: satisfazê-lo.

Sabemos que são poucas as organizações que conhecem bem o cliente, mas isso está se tornando cada vez mais um fato real nos dias atuais, em que as empresas terão de conhecer seus clientes o mais profundamente possível. São informações, tais como reclamações, quantas vezes ligaram, procuraram determinado produto, sugestão, entre outras. Na verdade, é um atendimento personalizado no qual o cliente terá atendimento da forma mais individual possível, gerando valor para a organização e para ele, que, aliás, está sempre questionando se foi ou não bem atendido.

O uso da tecnologia da informação entra como forte parceiro deste programa de fidelização. Só com a informática e os programas de informações dos clientes, bancos de dados, é que é possível a execução. A organização precisa se adaptar a essa cultura; todos devem estar envolvidos em um mesmo estado de relação com o cliente. Com o CRM, houve uma mudança em relação às informações coletadas.

A correta estratégia de CRM pressupõe uma integração de todos os departamentos da empresa para que todos vejam o cliente da mesma forma. Para a empresa não é suficiente dispor de ferramentas de última geração nas áreas de atendimento, no *front-office*. Um *call center* informatizado que permita a discagem automática e amplie o número de ligações por operador, sistema de gravação de chamadas, equipes de venda com *notebooks* e com acesso *on-line* com a retaguarda da empresa são alguns dos recursos importantes a serem implantados. Porém, nenhuma valia terão se não forem usados de forma integrada.

O CRM operacional, além dos sistemas já citados, deve contemplar a integração do *back office* e do *mobile office*. O *back office* é responsável pelo suporte ao *mobile office*, que nada mais é do que o próprio ERP com a gerência de pedidos, a cadeia de suprimentos e sistemas ligados ao *front office*, que é a automação de atendimento, automação de marketing e vendas. O *mobile office* é a parte final do CRM operacional, que é o sistema móvel de vendas mais o atendimento em campo.

O CRM colaborativo engloba todos os pontos de contato com o cliente onde ocorre a interação entre ele e a empresa. Os vários canais de contatos devem estar preparados não só para permitir essa interação, mas também garantir o fluxo adequado dos dados para o resto da organização. São eles: sistema de escuta ao cliente, *e-mail*, *fax*, cartas, e outros tipos de interação. No CRM colaborativo, são feitas todas as análises, segmentadas e traduzidas para as demais áreas da empresa.

O CRM analítico, fonte de toda a inteligência do processo, serve para o ajuste das estratégias de diferenciação de clientes, bem como para acompanhamento de seus hábitos, com o objetivo de identificar suas necessidades e futuras necessidades que possam ocorrer na vida de cada cliente. Tudo com o objetivo de tornar, para os melhores clientes, a relação com a empresa algo fácil e conveniente, buscando sua satisfação e fidelidade. A principal ferramenta do CRM analítico é o *Data Warehouse* (DWR), pois é ele que fornece informação para os relatórios analíticos, para análises etc.

É necessária a união de toda a empresa, juntamente com as três visões de CRM, e, principalmente, das pessoas. Além disso, é preciso acompanhamento de todo o processo para que todo erro seja diagnosticado no exato instante da falha. Como nunca antes, o ERP mais o CRM estão tão integrados, e a tendência é o aumento gradativo dessa integração. Inclusive, os fornecedores de ERP já visam ao ERP e ao CRM juntos em um único programa, mesmo não considerando o CRM um programa.

Segundo Brown (2001),

> a estratégia de CRM baseia-se no conceito que se aplica a toda e qualquer empresa, identificando os clientes, diferenciando o que traz maior valor para a empresa, interagindo com eles e personalizando sempre o serviço ou produto para os clientes potenciais.

A Internet ainda está se desenvolvendo, e a tendência é crescer da forma mais evolutiva possível. As empresas precisam saber como utilizar tal ferramenta, definindo regras de negócios de modo que as transações sejam feitas de forma eficiente e rápida, em alguns casos com total segurança, como nos bancos, aproveitando as oportunidades que podem ser criadas com novos serviços, sempre pensando no consumidor final. Mas trata-se de uma estrada ainda em construção que precisa de muito planejamento, investimento em tecnologia e em pessoas, usando muita criatividade.

Com o CRM implantado, a filosofia de pensar sempre no cliente tem de continuar. Como foi descrito, o CRM não é um programa que, ao ser instalado, resolverá tudo. A estratégia de fidelização de clientes não pode estar calcada apenas em programas de fidelidade. Não basta conhecer o cliente, saber suas necessidades, o que gosta de comprar, mas não ter para oferecer. O CRM, na verdade, parte do princípio da fidelização, porque seu objetivo é reter o máximo de clientes possível. A fidelização deve ser um compromisso de toda a empresa, fazendo com que seja parte da cultura e de sua missão, sendo encarada como fator de sobrevivência. Com o CRM na empresa, o conhecimento dos gostos dos clientes começa a aumentar, fazendo com que, no curto e médio prazos, isso comece a trazer resultados. É uma relação de aprendizado em que a empresa aprende com o cliente e o cliente com a empresa, tornando-se cada vez mais exigente.

> [...] os benefícios que a empresa tem em fidelizar seu cliente é aumento do ciclo de vida do cliente, aumento das vendas, aumento de lucratividade por cliente, aumento de participação na carteira do cliente, retenção do cliente, diminuição de custos, redução de custos nos processos, melhoria na comunicação com o cliente. Os benefícios para o cliente são o acesso a melhor comunicação, melhor facilidade de compra, maior facilidade de comunicação, economia de tempo, necessidades específicas atendidas (BROWN, 2001).

Como descrito, um programa de fidelidade e o CRM juntos trazem resultados positivos para a empresa. O cliente será mais fiel e não estará vulnerável a passar para a concorrência. Tudo será mais rápido, e a conquista desse cliente será a conquista de outros mais, levando a empresa a crescer com maior rapidez e estabilidade. O cliente mais perto da empresa estará mais protegido de ir à concorrência. O CRM e a fidelização bem implementados trazem resultados necessários para se manter em um mercado cada vez mais competitivo.

Quando se opta pelo programa de CRM em uma empresa, a organização passa a fazer várias mudanças. Como o CRM vem para pensar sempre no cliente, isso requer a realização de treinamento de todos os funcionários; todos precisam entrar em um único sentido e objetivo, e é aí que começa a parte mais complicada do processo, todos os departamentos pensando em seu cliente.

Segundo Brown (2001):

> Um dos princípios básicos do atendimento estratégico ao cliente é reconhecer que alguns clientes são mais valiosos do que outros. Todos os empresários, de alguma forma, estão cientes da importância de alguns clientes em relação a outros.

Então, antes de tudo, selecionam-se os clientes que se quer atingir com os programas de CRM para não se gastar muito com cliente de pouco potencial, que não traz muito valor para a empresa. Quando a empresa tem o foco voltado para o cliente, e não a um produto e marketing de massa, a comunicação fica muito mais fácil. O cliente acaba aproximando-se da empresa, em um relacionamento mais direto. Para a empresa, além de conhecer o cliente, as informações e sugestões passam a ser um fator que beneficia a empresa e também o cliente. É por meio desse entendimento das necessidades dos clientes que a empresa poderá traçar ações e estratégias para satisfazê-lo, inclusive aproveitando a oportunidade para se antecipar.

5.6 RESPOSTA EFICIENTE AO CONSUMIDOR (ECR)

A tecnologia da informação está focada na aquisição, processamento e transmissão de dados para o sucesso de um negócio. Após a Segunda Guerra Mundial, essa tecnologia foi desenvolvida de forma explosiva e imperiosa para as organizações. A popularização dos computadores mais potencialmente apontou a implicação positiva dessa tecnologia. Conforme Pozo (2014), enquanto a Revolução Industrial trouxe a mecanização, a tecnologia da informação traria automação. Até então, muitas pessoas eram necessárias para processar os dados, a fim de controlar os processos.

A tecnologia da informação veio mudar os modelos de gerenciamento e a introdução de redes de computadores, quando diferentes computadores ou sistemas baseados em computador são ligados uns aos outros, para agilizar e otimizar os controles e o processo de tomada de decisão. Embora haja atualmente uma enorme quantidade de redes, a maioria das possibilidades e implicações não é realizada. Presenciamos que, em muitos casos, as pessoas ainda estão ocupadas com a tecnologia em si, ou em apenas utilizar várias aplicações simples. As redes podem desenvolver uma série de novas técnicas para fornecer informações e otimizar a tomada de decisão.

A tecnologia de informação é um facilitador que deve ser usado para superar as barreiras entre os fabricantes, atacadistas e varejistas. A eficiente gestão dos negócios e a eficiente reposição do produto estão muito dependentes de informações precisas. É claro que as tecnologias de base são muito importantes, portanto, devemos tratar esse tema de forma mais ampla e profunda.

Efficient Consumer Response (ECR) é um movimento global na indústria de bens de consumo. Na Europa, a diretoria do ECR expressa a visão ECR como: "trabalhar em conjunto

110 | Logística e Gerenciamento da Cadeia de Suprimentos • Pozo

com o consumidor para melhor atendê-lo e com menor custo" (ECR BOARD, 1995). Em função desse elemento, a ECR Europa usa a seguinte definição de ECR:

> *Efficient Consumer Response* (ECR) é a realização de um sistema orientado simples, rápido e de consumo, em que todos os elos da cadeia logística trabalham em conjunto e integrados, a fim de reduzir o nível de estoques, os custos totais do sistema, disponibilizar produtos de melhor qualidade e satisfazer as necessidades do consumidor com o menor custo possível (ECR BOARD, 1995).

Para tanto, serão discutidas, mais à frente, as seguintes tecnologias que apoiam o processo de uma eficiente resposta ao consumidor:

- Electronic Data Interchange (EDI);
- *Database Management* (DM).

As empresas norte-americanas e europeias têm utilizado o EDI há muito tempo, iniciado com os esforços paralelos em diferentes tipos de indústrias. Por exemplo, as empresas farmacêuticas começaram a investigação e a aplicação de computadores em meados dos anos 1970, para melhorar seus lucros, reduzindo a papelada e erros humanos, e para desenvolver ligações eletrônicas entre fabricantes, armazéns e varejistas. Já em 1974, essas empresas tinham um sistema operacional operando adequadamente para a época.

Naquele período, 90% das empresas participantes da rede tinham *mainframes* IBM para ajudar as empresas-membros menores, que não podiam investir para fazer a *interface* com os seus maiores parceiros comerciais. A indústria contratou a Ordernet (uma divisão da Sterling Software) para desenvolver uma câmara de compensação de entrada de pedidos. Na época, o sistema Ordernet estava ligado a 100 armazéns com os 50 principais fabricantes.

5.6.1 Foco da atuação do ECR

A gestão da cadeia logística tradicional é caracterizada por ligações independentes, que preenchem a sua própria tarefa específica. Esse tipo de gestão é identificado pela otimização de cada *link* de forma independente. No entanto, isso pode resultar em inconsistência quando uma ligação adota uma estratégia, o que entra em conflito com a estratégia adotada pelo *link* anterior ou seguinte. Os resultados são os elevados custos logísticos e os baixos níveis de atendimento ao consumidor, o que, eventualmente, pode resultar em menor poder competitivo para cada ligação e, portanto, para toda a cadeia de suprimentos.

Apesar do fato de que a maioria das empresas está otimizando seus elos de sua cadeia, a prática demonstra que isso não é suficiente. O mercado está cada vez mais dinâmico e também conta para as relações com os fornecedores e consumidores. Portanto, as empresas modernas devem também ter um olho para desenvolvimentos logísticos fora dos muros de sua própria empresa. Esse é o ponto onde o *Efficient Consumer Response* (ECR) desempenha um papel extraordinariamente importante. Portanto, é importante responder a estas três questões:

- O que é ECR?
- O que há de novo sobre ECR?
- É a adoção do ECR realmente necessária?

Segundo a ECR Board (1995):

> *Efficient Consumer Response* (ECR) é a realização de um sistema orientado simples, rápido e de consumo, em que todos os elos da cadeia logística trabalham em conjunto, a fim de satisfazer as necessidades do consumidor com o menor custo possível.

O ECR tem alguns pontos de partida importantes: em primeiro lugar, a definição mostra que a demanda do consumidor desempenha um papel importante no processo do negócio. A cadeia tem de garantir a melhoria contínua da satisfação dos consumidores, produtos e qualidade. Em segundo lugar, a definição também mostra que a eficiência máxima da cadeia logística total é necessária. A realização de negócios entre as partes e para o seu sucesso não pode ser feita sem informações precisas, que devem estar disponíveis no momento necessário. Para manter os custos baixos, é preferível que essas informações e comunicações sejam sem papel. Para realizar esses aspectos da ECR, quatro áreas de foco podem ser distinguidas, conforme podemos ver na Figura 5.3 (COOPERS; LYBRAND, 1996).

O objetivo é maximizar a eficácia do processo de criação e da demanda. O ECR olha tanto como obter eficazes parceiros comerciais nas suas atividades internas e como otimizar a sinergia conjunta para maximizar o valor para o cliente final. É de grande importância a categoria da gestão de infraestrutura, que estabelece metas de organização, intenção e sistemas estratégicos sobre como parceiros comerciais devem se comunicar uns com os outros e tomar decisões assertivas. O foco aqui é garantir o mais adequado fluxo de produtos para as prateleiras dos varejistas. Isso implica um gerenciamento de produtos em conjunto com uma cadeia de abastecimento, que deve ser flexível e ágil o suficiente para reagir rapidamente às mudanças na demanda. Reposição de produto rápida e eficiente contribui para a redução de custos a partir da minimização da quantidade de inventário no sistema e atendimento dos níveis de serviço exigidos.

O gerenciamento de suprimento e da reposição de produtos, especialmente os aspectos comuns entre varejistas e fabricantes, são confrontados com algumas barreiras. Para superar essas barreiras, tecnologias de base são necessárias para utilizar um sistema de gerenciamento de suprimentos e de reposição de produtos e seu trabalho, conforme a Figura 5.3.

A grande quantidade de dados sobre a demanda e oferta em nível *Stock Keeping Unit* – SKU (Unidade de Manutenção de Estoque) é definida como um identificador único de um produto, sendo utilizada para a manutenção de estoque. A partir dessa unidade, é possível pesquisar e identificar exatamente qual produto foi vendido, entregue ou trocado. Ele também é frequentemente utilizado em integrações de *e-commerce* com ERP.

Esse nível de SKU terá de ser movimentado e manipulado para determinar soluções ótimas no sistema. Intercâmbio eletrônico de dados e transferência eletrônica de fundos são duas maneiras de fazê-lo na escala necessária. Os itens de codificação e da gestão de banco de dados são necessários para rastrear os produtos com precisão em nível SKU. Finalmente, o custeio baseado em atividade (ABC) garante que as decisões sejam tomadas com base no custo real de fazer negócios, e não no que os contadores ou outros assumem (KOTLER *et al.*, 2017).

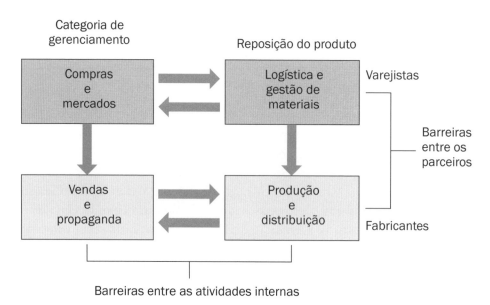

Fonte: Coopers e Lybrand (1996).

Figura 5.3 Gerenciamento de suprimentos no ECR.

Um fato importante é saber o que não é ECR. O ECR não é um *kit* pronto, um conjunto de ferramentas que, se implantadas, permitem à empresa se considerar habilitada e preparada para sempre. Na realidade, ECR é mais uma filosofia, ou talvez uma postura de negócios, na qual as empresas se dispõem a compartilhar problemas, dificuldades e informações, implantando em conjunto as melhores soluções possíveis dentro de seu contexto operacional e estratégico.

As ferramentas de ECR são hoje aplicadas em quase todo o mundo por quase todos os países com alguma expressão econômica. As reduções de custos conseguidas, apenas por eliminar ineficiências, são em média de 8 a 12% do volume total de negócios da cadeia de suprimentos. Esse número reflete os ganhos das empresas que integram o processo, e normalmente agregam-se ao resultado líquido das operações.

Pesquisas realizadas em indústrias e supermercados no Brasil constataram, por exemplo, que:

- houve redução de estoques de 25 para 15 dias, acompanhada de diminuição de faltas de produtos de 15% para 4%;
- com o uso da entrega programada noturna, quando as entregas são pré-agendadas entre indústria e varejo, foi possível reduzir o tempo de carregamento em 69% e aumentar a produtividade palete/homem/hora em 80%;

- a aplicação do EDI reduziu o número de visitas, erros e tempo de espera e conferência, conforme a Tabela 5.1.

Tabela 5.1 Comparativo EDI e processo normal

	Antes (normal)	Depois (com EDI)
Visitas vendedor-cliente	7 dias	24 dias
Pedidos com erros	8%	0
Espera para descarga	52 minutos	12 minutos
Tempo de conferência	18 minutos	6 minutos

E não é só na padronização, automação e redução de custos que se ganha: esses processos permitem a redução de estoques e prazos, liberando espaços de estocagem para atendimento dos clientes, assegurando menores índices de ruptura e possibilitando trabalhar com menores preços ao longo da cadeia, em benefício do consumidor.

A estratégia do EDI deu certo. Os participantes descobriram que essa ferramenta permitiu-lhes reduzir seus estoques drasticamente, diminuindo o tempo de processamento dos pedidos. Uma vez que 50% dos ativos de um armazém de drogas foram amarrados em estoque, reduzir seus estoques salvou uma quantidade considerável de dinheiro (PLUMB, 1993).

5.7 *ELECTRONIC DATA INTERCHANGE* (EDI)

O *Electronic Data Interchange* (EDI), no sentido literal, é a troca eletrônica de informações com o uso de computadores. Dankbaar (1991) nos apresenta a seguinte definição: "EDI é o intercâmbio de mensagens (dados) entre computadores padronizados das empresas envolvidas sobre as transações comerciais entre essas partes".

Um olhar mais atento para essa definição nos revela três pontos-chave interessantes. Em primeiro lugar, as mensagens são padronizadas, o que significa que elas são especificadas de acordo com regras fixas, de modo que o significado é claro e inequivocado. A comunicação entre os dois envolvidos é feita, resumidamente, da seguinte forma: o remetente preenche um formulário, que é então normalizado por um processador de dados, e esse dado é traduzido e enviado para a outra parte e, finalmente, traduzido de volta pelo processador de dados original. Em segundo lugar, a definição fala sobre intercâmbio entre computadores, porém, é melhor falar sobre o intercâmbio entre as aplicações informatizadas. Intercâmbio entre as aplicações informatizadas não abrange apenas a comunicação pura, mas também as mensagens enviadas automaticamente, que são geradas por um aplicativo. Essa característica torna o EDI um elemento de forte valor, agregando tecnologia para a maioria das empresas.

Se o EDI for considerado apenas como pura comunicação, então seria apenas uma alternativa cara, por exemplo, para uma máquina de *fax*. Além disso, se as empresas não integrarem o EDI em suas aplicações internas, eles perdem 70% dos potenciais benefícios. Finalmente, o EDI envolve intercâmbio de dados das transações comerciais das partes envolvidas. Isso significa que a troca padronizada de informações entre estabelecimentos de uma mesma empresa não é considerada como EDI. Note-se que esse tipo de intercâmbio já está implementado e usado em larga escala.

5.8 *DATABASE MANAGEMENT* (DM) – GERENCIAMENTO DE BANCO DE DADOS

O gerenciamento de banco de dados permite que uma empresa organize, armazene e recupere dados de um computador. Também pode descrever as práticas de armazenamento, operações e segurança de dados de um Administrador de Banco de Dados (DBA) durante todo o ciclo de vida dos dados da organização. Gerenciar um banco de dados envolve atividades de projetar, implementar e dar suporte a dados armazenados, maximizando seu valor. Refere-se às ações que uma empresa executa para manipular e controlar dados para atender às condições necessárias ao longo de todo o ciclo de vida dos dados.

O gerenciamento de banco de dados se tornou cada vez mais importante à medida que o volume de dados corporativos aumentou e deve compreender várias técnicas proativas para evitar os efeitos danosos gerados pelo rápido crescimento de dados em uma empresa, pois esse crescimento cria uma ampla variedade de condições que podem ser negativas, como o baixo desempenho de aplicativos e do risco de conformidade, por exemplo.

A tarefa de gerenciamento de banco de dados é uma atividade que protege os dados da organização, evita riscos legais e de conformidade e mantém os aplicativos controlados e direcionados para um desempenho de alta *performance*. Isso inclui monitoramento e ajuste de desempenho, planejamento e capacidade de armazenamento, *backup* e recuperação, arquivamento e particionamento, replicação, mascaramento e desativação de dados.

Um sistema de gerenciamento de banco de dados (DBMS) é um *software* de sistema para criar e gerenciar bancos de dados. O sistema fornece aos usuários e programadores uma maneira sistemática de criar, recuperar, atualizar e gerenciar dados, além de possibilitar que os usuários finais criem, leiam, atualizem e excluam dados em um banco de dados. O DBMS serve essencialmente como uma interface entre o banco de dados e os usuários finais ou programas aplicativos, garantindo que os dados sejam consistentemente organizados e permaneçam facilmente acessíveis.

O DBMS gerencia três coisas importantes: os dados, o mecanismo de banco de dados (que permite que os dados sejam acessados, bloqueados e modificados) e o esquema do banco de dados, que define sua estrutura lógica. Esses três elementos fundamentais ajudam a fornecer procedimentos de simultaneidade, segurança, integridade de dados e administração uniforme.

5.9 LOCALIZAÇÃO DE UM CENTRO DE DISTRIBUIÇÃO (CD)

A distribuição de materiais na cadeia de suprimentos é considerada um desafio logístico. A escolha da localização das instalações de armazenagem, ou Centro de Distribuição (CD), hoje é um posicionamento estratégico para as organizações. Constitui-se de um conjunto integrado de tomadas de decisão, que envolvem desde as políticas de serviço ao cliente, passam pelas definições de estocagem e chegam até as definições de transporte e produção, com o objetivo de realizar um fluxo eficiente de materiais e produtos acabados ao longo de toda a cadeia de suprimentos (POZO, 2014).

Uma solução encontrada para facilitar essas operações é a instalação de Centros de Distribuição em pontos estratégicos, o mais próximo possível de seus clientes, com a finalidade de receber mercadorias de diversos fornecedores, armazená-las e, então, abastecer o mercado onde estão inseridos. Visam agilidade no recebimento e despacho de mercadorias, evitando, assim, o acúmulo de mercadorias no estoque, reduzindo custos.

O cenário atual de constante desenvolvimento tecnológico vem conduzindo grandes mudanças no sentido de oferecer soluções que vão além da tradicional estocagem de curto e médio prazos. Atualmente, as empresas procuram cada vez mais otimizar seus fluxos de materiais, diminuindo o tempo entre recebimento e entrega de pedidos e, assim, reduzindo seus estoques. É nesse ambiente que a armazenagem de materiais ganha destaque, promovendo capacidade de resposta rápida em muitos serviços que justamente necessitam diminuir as grandes quantidades de estoque.

As empresas buscam desenhar um processo centralizado de seus estoques, de modo a facilitar entregas diretas e contínuas para cada ponto de venda, em um ambiente de constante procura por soluções logísticas para atender mercados cada vez mais exigentes e concorridos. Esse processo envolve rapidez nas entregas, eliminação da falta de produto e reduções de custos.

A localização de fábricas, filiais e, principalmente, centros de distribuição é uma das decisões mais importantes no planejamento estratégico de uma empresa, focando-se na questão logística. Ballou (2006) constata a relevância de determinar cientificamente a localização das instalações de armazenagem em uma cadeia de suprimentos, para o pleno atendimento do mercado com o menor custo.

Segundo Russell e Taylor (2009), os CDs são prédios que incorporam materiais, armazenamento e movimentação. É um lugar, um edifício, que recebe, manipula, armazena, empacota e envia os bens. Com frequência, o armazenamento é definido como o estoque de mercadorias, mas também inclui instalações e a localização da instalação. É o ponto no sistema de logística onde matérias-primas, produtos semiacabados ou acabados são mantidos em diversos períodos de tempo. Existem várias funções de valor agregado no armazenamento. Um exemplo é a consolidação do transporte, em que os centros de distribuição ou armazéns recebem volumes diferentes e, em seguida, consolidam remessas menores para remessas maiores, o que é uma grande vantagem na economia de transporte. Outro exemplo é a capacidade de disponibilizar uma gama enorme de produtos no armazém de acordo com a necessidade do cliente.

Existem diferentes tipos de centros de distribuição, dependendo do que é mais adequado para a estrutura de distribuição física: centros de distribuição que recebem produtos acabados com a finalidade de manter os estoques, centros de distribuição que são centrais, regionais ou locais, e centros de distribuição que atuam como pontos intermediários para posterior transferência.

Logística e Gerenciamento da Cadeia de Suprimentos • Pozo

A estratégia de localização de um Centro de Distribuição visa estabelecer a combinação mais adequada de armazenamento e transporte para alcançar um serviço de alta entrega aos clientes a preços baixos e competitivos.

As vantagens competitivas de um CD para a organização podem ser mais bem entendidas analisando-se o seguinte:

- **estoque centralizado:** garante que todo o estoque da companhia concentre-se em um único lugar;
- **melhora o controle de estoque:** com todas as mercadorias centralizadas, excessos e perdas, por exemplo, são diminuídos, pois o controle é aprimorado;
- **redução de custos:** significa que não existirão gastos para administrar vários armazéns. Como as mercadorias passam a estar centralizadas, é mais difícil ter perdas e desperdícios de estoque, o que significa menor prejuízo, além da possibilidade de negociar melhores fretes;
- **melhora no atendimento ao cliente:** com o CD estrategicamente posicionado, a empresa passa a ter mais agilidade na entrega da mercadoria ao cliente;
- **controle de sazonalidade:** a centralização do estoque ajuda no controle da movimentação dos produtos; com todos os itens mantidos em uma gestão unificada, fica mais fácil controlar a saída de produtos sazonais;
- **padronização:** a centralização proporcionada por um CD resulta na padronização dos processos, o que garante um melhor desempenho;
- **melhor planejamento dos investimentos:** em um local onde suas mercadorias estão centralizadas, a gestão é muito mais eficiente.

Especialmente em momentos de instabilidade econômica e nos quais a concorrência é acirrada, um Centro de Distribuição Logístico permite que os investimentos sejam mais bem planejados, isso porque, com um local onde suas mercadorias estão centralizadas, a gestão é muito mais eficiente.

Portanto, a instalação adequada de um CD e o gerenciamento eficaz de seus estoques podem contribuir para atender de forma eficiente as metas estabelecidas de nível de serviço. A funcionalidade destas instalações dependerá da estrutura de distribuição adotada pela empresa.

5.10 ESCOLHA MATEMÁTICA DA LOCALIZAÇÃO DE CD

A escolha da localização, em geral, é uma das mais importantes tarefas dentro da logística, de modo a se obter ganhos em economia de escala na distribuição e reduções de custos de transporte. Portanto, é necessário garantir que a localização do CD contribua para a redução dos custos operacionais de transporte e estocagem, proporcionando o nível de serviço adequado aos seus clientes.

Os dados importantes para a definição do melhor local de um CD, com vistas à melhoria do sistema de canais de distribuição, envolvem: definições de mercado, produtos e redes, demanda dos clientes, localização dos clientes, custo de frete, custos fixos e variáveis, redes logísticas, fornecedores, canais de distribuição, distâncias e proximidades e vias de escoamento. A demanda de clientes é a parte fundamental de um projeto em que são avaliados os volumes das demandas para cada área geográfica identificada como um mercado, fundamentado nos volumes (quantidade e peso) de produtos expedidos para cada local. Os valores de fretes de fornecimento e entregas de produtos são também elementos importantes na escolha do local do CD. Não se deve esquecer dos custos fixos e variáveis relacionados com mão de obra, energia elétrica, insumos, impostos etc.

Dos pontos básicos para modelos de localização de CD, pode-se destacar:

- número de CDs a serem estabelecidos;
- tamanho de cada CD;
- objetivo da empresa em tomar a decisão;
- demanda de distribuição e recebimento (demanda atual e futura);
- locais possíveis para os CDs;
- limites de capacidade dos CDs.

Existem vários modelos para definição matemática de um local econômico para se instalar um CD. Aqui iremos tratar, especificamente, de quatro modelos:

1. Método de Ponderação de Fatores

Busca comparar de forma simples as alternativas de localização, definindo critérios de análise, proximidade da matéria-prima, necessidades dos clientes, custo de mão de obra e proximidade de portos e aeroportos. Identificação de critérios para avaliação dos locais, definição da importância relativa de cada critério, atribuição de fatores de ponderação para cada um, avaliação de cada localização segundo os critérios definidos.

2. Método do Centro de Gravidade

Usado para localização de CD único, considera tarifa de transporte e o volume de produtos. O objetivo é minimizar a soma de volume em um ponto multiplicado pelo frete e distâncias. Visa, também, encontrar a localização que minimize custos de transporte. O valor é a soma de todos os custos de transporte de seu local para o mercado. É a melhor localização (o centro de gravidade ponderado de todos os pontos). Leva, também, em consideração os volumes dos produtos transportados entre CD e mercado.

A fórmula proposta para a minimização do custo total de transporte (MinTC) é a soma dos produtos entre o volume de carga transportada, o custo unitário de transporte e a distância percorrida, de acordo com a Fórmula 1.

$$MinTC = \sum_i V_i R_i d_i \qquad (1)$$

em que:

V_i = volume de carga transportado;

R_i = custo unitário de transporte;

d_i = distância percorrida.

$$\overline{X} = \frac{\sum_i ViRiXi}{\sum_i ViRi} \qquad (2)$$

$$\overline{Y} = \frac{\sum_i ViRiYi}{\sum_i ViRi} \qquad (3)$$

$$\frac{\sum d \times p \times c}{\sum p \times c} \qquad (4)$$

sendo:

Vi = volume transportado para o local i;

Ci = custo por unidade de volume transportado para o local i;

xi = coordenada na direção x do local i;

yi = coordenada na direção y do local i;

d = distância em km;

p = preço por tonelagem;

c = tonelagem transportada.

3. Método do Momento

Cada local ou cidade é um centro e, para cada centro, calcula-se o momento que as demais cidades somadas possuem. O momento (M) = custo unitário de transporte × a distância × quantidade. O centro que tiver menor soma de momentos será o escolhido.

4. Método de Carga e Distância

Considera fatores quantitativos, fatores de localização, distância média dos clientes-alvo (km), proximidade das fontes de matéria-prima, proximidade dos mercados. O objetivo é selecionar um local onde as maiores cargas percorram menores distâncias.

A fórmula para esse cálculo é:

Carga-Distância

$$CD = \sum Ci \times Di \qquad (5)$$

com:

Ci = carga (em toneladas) transportada entre a instalação locada e a instalação i.

Di = distância entre a instalação locada e instalação i.

$$d_{AB} = [x_A - x_B] + [y_A - y_B]$$

Portanto, para entender e facilitar os cálculos dos modelos apresentados, vamos dar alguns exemplos.

Cap. 5 • Gerenciamento da Cadeia de Suprimentos | 119

EXEMPLO 5.1

Método de Ponderação de Fatores. Uma empresa de autopeças, localizada em Pouso Alegre (MG), produz peças para as montadoras e para a reposição. Para reduzir seus custos e melhorar a entrega aos clientes, a empresa decidiu construir uma nova fábrica em algum lugar do país e, para tanto, passou a avaliar todas as alternativas em relação a alguns critérios. Após consulta a seus vendedores e representantes e a alguns locais que identificaremos como X, Y e Z, montou-se uma tabela com pontuação ponderada, conforme dados da Tabela 5.2.

Tabela 5.2 Pontuação ponderada

Critérios	Ponderações de importância %	Pontuação		
		X	Y	Z
Custo do local	40	70	50	65
Impostos	10	30	45	50
Disponibilidade de mão de obra	10	65	60	60
Vias de acesso	20	70	70	70
Acesso a portos e aeroportos	10	45	10	40
Capacidade de expansão	10	70	50	65
Pontuação total		630	505	615

O local escolhido para localizar a nova fábrica foi o de menor pontuação, o local Y.

EXEMPLO 5.2

Método do Centro de Gravidade. A distribuidora de peças automotiva HPR tem um CD na capital de São Paulo e distribui seus produtos conforme Tabela 5.3.

Tabela 5.3 Distribuição de pontos

Local	Dist. km	Frete R$/Ton.	Ton.
Rio de Janeiro	480	0,35	380
Ribeirão Preto	300	0,30	210
Baixada Santista	90	0,25	100
Campinas	90	0,25	280
Sorocaba	90	0,25	200
Bauru	320	0,30	150
São Carlos	230	0,28	140
S. José do R. Preto	430	0,35	160

Verificar se haveria uma cidade que implicaria menor custo para a localização do CD do que a capital.

Utilizando a fórmula simplificada (4) e os dados da tabela anterior, temos:

$$\frac{\Sigma d \times p \times c}{\Sigma p \times c} \quad (4)$$

Em que:

d = distância em km;

P = preço por tonelagem;

c = tonelagem transportada.

(480×0,35×380) + (300×0,3×210) + (90×0,25×100) + (90×0,25×280) + (90×0,25 × 200) + + (320 × 0,3 × 150) + (230 × 0,28 × 140) + (430 × 0,35 × 160) / (0,35 × 380) + (0,3 × 210) + (0,25 × 100) + (0,25 × 280) + (0,25 × 200) + (0,3 × 150) + (0,28 × 140) + (0,35 × 160) =

= 143.286 ÷ 496,2 = 117,2 km

Portanto, o local ideal seria a 117 km da capital paulista, ou seja, na Rodovia dos Bandeirantes, na cidade de Sumaré (30 km de Campinas).

EXEMPLO 5.3

Método do Momento. Definir qual cidade deverá receber o CD, segundo a figura apresentada na sequência, que ilustra as quatro cidades e suas distâncias, toneladas transportadas e custo de frete.

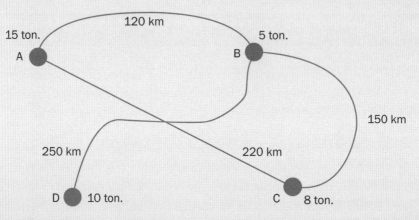

As rotas

(A-B); (A-C); (A-B-D)

(B-A); (B-C); (B-D)

(C-A); (C-B); (C-B-A)

(D-B); (D-B-A); (D-B-C)

O custo por tonelada/km é de R$ 2,00

A: (3 × 120 + 8 × 220 + 10 × 270) 2,00 = R$ 9.640,00

B: (15 × 120 + 8 × 150 + 10 × 250) 2,00 = R$ 11.000,00

C: (15 × 220 + 5 × 150 + 15 × 270) 2,00 = R$ 16.200,00

D: (5 × 250 + 15 × 370 + 400 × 8) 2,00 = R$ 20.000,00

Portanto, a cidade escolhida é a A, que tem o menor custo.

EXEMPLO 5.3

Método da Carga e Distância. Uma fábrica localizada em Franca (SP) deseja instalar um depósito de distribuição na região de sua unidade fabril, considerando duas cidades próximas: Ribeirão Preto (A) e Barretos (B). Esse depósito irá atender a região e o sul de Minas, com uma demanda mensal de 150 toneladas, e o custo de frete/tonelada para A = R$ 25,00 e para B = R$ 28,00. Utilizando os valores de carga em toneladas e a distância retilínea, qual dessas cidades é mais bem localizada em termos de cargas e distância?

Distâncias: Franca para Ribeirão Preto = 101 km

Ribeirão Preto para os para clientes = 350 km

Franca para Barretos = 135 km

Barretos para os clientes = 310 km

$$CD = \sum C_i \times D_i$$
$$CD_1(A) = 150 \times 101 = 15.150$$
$$CD_2(B) = 150 \times 135 = 20.250$$
$$CD_1(A) = 150 \times 350 = 52.500$$
$$CD_2(B) = 150 \times 310 = 46.500$$
$$d = [x_1 - x_2] + [y_1 - y_2]$$
$$d_{A1} = [15.150 + 52.500] = 67.650$$
$$d_{B2} = [20.250 + 46.500] = 66.750$$

Portanto, o local a ser escolhido é Barretos, com a menor distância toneladas.

ESTUDO DE CASO

CONSOLIDAÇÃO DA CADEIA DE SUPRIMENTOS NA NESTLÉ

À luz de um dos contratos que se aproximava de seu término de locação em dois armazéns, a Nestlé decidiu aproveitar a oportunidade para rever a sua estratégia de armazenagem e distribuição no Reino Unido, contratando a consultoria Total Logistics para proceder a uma avaliação exaustiva e independente suas atuais e futuras necessidades da cadeia de suprimentos. Ian Hill, diretor de Logística da Nestlé Reino Unido, explica o fundo para o projeto:

> Por muitas razões, tínhamos chegado a um ponto em que nos deparamos com várias opções sobre a nossa estratégia de três *sites*. Era o momento certo para trazer um novo par de olhos para rever a nossa rede de distribuição. Com a nossa mistura complexa de produtos secos e molhados, incluindo água, café, doces e *mix* de produtos perecíveis, quisemos explorar que opções estavam lá para nós – e da equipe da Total Logistics foi a escolha óbvia dada a nossa longa relação com o fornecimento de consultoria em cadeia.

O DESAFIO

A principal tarefa da equipe Nestlé e dos consultores da Total Logistics foi desenvolver um modelo específico para realmente entender os prós e contras de cada opção que estavam disponíveis. Este cenário já complexo tornou-se ainda mais difícil devido à natureza diversa e ampla da gama de produtos da Nestlé e grande número de consumidores finais.

Embora os locais de York, Bardon e Scunthorpe movimentassem alimentos, incluindo água, produtos de confeitaria, cereais e café, também lidavam com as enormes demandas sazonais de produtos de confeitaria, durante períodos como a Páscoa e o Natal. Para aumentar a complexidade do problema, em Scunthorpe usavam diferentes tecnologias para atender o mercado internacional, expedição de produtos para a Europa e para locais mais distantes por meio de rotas de profundidade.

Considerando que Scunthorpe fora caracterizado por alta densidade, com controles de temperatura e umidade consistentes, os locais de Bardon e York haviam utilizado unidades automatizadas de armazenamento de elevado controle que não exigem o controle ambiental mais sofisticado. Peter Roan, diretor da Total Logistics, disse:

> Esse projeto era complexo do ponto de vista de modelagem da cadeia de suprimentos, uma vez que não só incluiu uma análise de *in-bound* e fluxos de saída, os custos de transporte, ligações rodoviárias e problemas de inventário, mas também fatores de risco e serviços criados por qualquer nova rede proposta.
>
> O tempo também foi um fator importante aqui, dado o fato que precisávamos fazer recomendações e apoiar a implementação para garantir que o cliente fosse atendido prontamente, sendo capaz de satisfazer os problemas cruciais no período de pico de

demanda natalina. Em suma, tivemos uma janela de apenas seis semanas para revisar completamente e fazer recomendações sobre a estratégia de rede de distribuição da Nestlé do Reino Unido.

AS AÇÕES

A Total Logistics começou a trabalhar no desenvolvimento de uma ferramenta de avaliação para analisar o impacto de colocar diferentes fluxos de negócios para as mesmas ou novas instalações. Por exemplo, o benefício de manter fluxos de confeitaria sazonais e de exportação no mesmo local, pois têm necessidades de armazenamento diferenciadas de outros produtos não cíclicos, foi uma consideração importante.

Outra consideração importante é a garantia de qualidade, como um grande número de produtos de confeitaria que teve de ser armazenado a uma temperatura de 80°C e 65% de fator de umidade relativa. Outro elemento para o modelo de avaliação incluiu uma análise de custos de transporte e armazenamento, considerando os fluxos de entrada e saída. Foi dada especial atenção para as potenciais sinergias que poderiam ser obtidas a partir da combinação de diferentes rotas para aumentar o tamanho da carga, reduzindo, assim, o número de quilômetros de estradas e viagens necessárias. Ao todo, 16 cenários diferentes foram desenvolvidos com base nas instalações existentes e em outros locais potenciais no Reino Unido.

OS RESULTADOS

Na análise final, foi decidida uma solução local dupla que proporcionou maior redução de custos para a Nestlé, permitindo-lhe melhorar a flexibilidade e desempenho de entrega em supermercados e outros varejistas-chave no Reino Unido e no exterior. Embora seu desempenho de entrega já estivesse em 99,4%, a Nestlé estava confiante de que a concentração de dois locais permitiria que os níveis já elevados de serviço ao cliente seriam melhorados.

Em face de sua localização central e potencial existente para o desenvolvimento, decidiu-se que a região de Bardon era a escolha óbvia para centralizar as operações da cadeia de suprimentos. No entanto, essa decisão significou o fechamento da região de Scunthorpe, com um grande programa de investimento em Bardon, que irá aumentar a sua capacidade de movimentação de paletes de 50 mil para 110 mil.

Embora tenha havido, inevitavelmente, algumas perdas de emprego em função do encerramento da região de Scunthorpe, espera-se que até 40 novos empregos sejam criados, inicialmente, no setor de Bardon, com a possibilidade de aumentar ainda mais as operações no local.

Investimento considerável passou agora para o setor de Bardon, que lhe permitirá lidar com a matriz da Nestlé com produtos alimentares e bebidas (incluindo Kit-Kats, Cravo, Buxton e Nescafé). Além desse foco, a área de gestão de risco tem sido fundamental para o pensamento da equipe de como o setor será atualizado e totalmente reconfigurado.

Peter Roan disse:

> Enquanto a nossa recomendação para consolidar todo o processo de distribuição de alimentos e bebidas da Nestlé sob o mesmo Centro de Distribuição reduziu o custo global de distribuição, a mudança permitiu à Nestlé, ao combinar seus fluxos de negócios e oferta de produtos, maior flexibilidade e melhor atendimento.
>
> A Nestlé tem agora uma operação de logística muito mais robusta, que lhe permitirá atender a crescente necessidade de entregar com maior frequência e menores volumes para clientes. Além de apoiar os clientes, a Nestlé, por meio deste processo, também foi capaz de trabalhar em parcerias com os clientes em questões de gestão de risco e compromissos por uma estratégia local compartilhada com a realização de um *workshop* de avaliação de risco.

Assim, a Nestlé tem trabalhado duro para garantir que o projeto do novo setor em Bardon seja altamente seguro e confiável. A infraestrutura de comunicação no local também tem sido um elemento-chave na fase de implementação, que gerou uma reconfiguração de sucesso.

Questões para discussão:

1. O que levou a Nestlé a mudar a configuração de cadeia de suprimentos?
2. Qual era o grande problema da Nestlé?
3. Como foi solucionado?
4. Qual foi a grande mudança que ocorreu? Por quê?
5. Em sua visão sobre as mudanças, dê sua opinião crítica e seu parecer.

QUESTÕES para revisão

1. Qual é a definição de *Supply Chain Management*?
2. Quais são os passos para implementar o SCM?
3. O que é *outsourcing* na cadeia de suprimentos?
4. Qual é a importância da reposição eficiente ao cliente para o SCM?
5. Como se processa a gestão da cadeia de suprimentos?
6. Explique o que é *postponement*.
7. Qual é o foco de atuação do ECR?
8. O que é um SKU?
9. Explique o EDI e como funciona.
10. Qual é o objetivo primordial do SCM?
11. Qual a finalidade de definir um local de CDs?
12. Localize um CD que atenda as cidades de São Paulo (A), Curitiba (B), Rio de Janeiro (C), Salvador (D) e Cuiabá (E) a partir de uma fábrica localizada em Uberlândia, Minas Gerais.

    Dados: entregas em toneladas de: A = 200 ton. [* 0,25], B = 150 ton. [* 0,28], C = 180 ton. [* 0,32], D = 139 ton. [* 0,55], E = 80 ton. [*0,45]. As distâncias a serem consideradas de Uberlândia são: São Paulo 610 km, Curitiba 990 km, Rio de Janeiro 950 km, Salvador 1690 km e Cuiabá 105 km.

    * [R$ ton./km.]
13. Qual a finalidade dos CDs? Justifique.

Capítulo 6

SUPRIMENTOS

Assista ao vídeo do autor sobre este Capítulo.

A visão moderna de compras está ligada ao sistema logístico empresarial, como atividades-pares envolvidas em ações estreitamente homogêneas, e essas atividades estão voltadas para a finalidade comum de operação lucrativa, que é a de manter uma posição competitiva no mercado. A área de suprimentos, também conhecida como compras, não é um fim em si próprio, mas uma atividade de apoio fundamental ao processo produtivo, suprindo-o com todas as necessidades de materiais. Além dessa atuação primordial – compras –, também é um excelente e substancial sistema de redução de custos de uma empresa, por meio de negociações de preços, de busca de materiais alternativos e de incessante desenvolvimento de novos fornecedores.

6.1 AS FORMAS DE TRABALHO DA LOGÍSTICA DE AQUISIÇÃO

É uma sequência de operações que resulta na colocação de bens ou serviços acabados nas mãos de um usuário final. Embora existam alguns aspectos fundamentais que se aplicam a toda a logística, os processos específicos diferem de uma logística para outra, em função da natureza dos bens e serviços a que eles se relacionam.

Basicamente, o papel da função compras (ou função de compras) em uma organização é atuar como a principal interface com o mercado externo. Relacionamentos são desenvolvidos com os fornecedores, na sequência de um processo de avaliação para determinar a sua aptidão em fornecer bens e serviços necessários. Alguns dos elementos essenciais e comuns à maioria das ações logísticas compreendem processo de aquisição, análise de mercados e fornecedores e planejamento, incluindo as interações entre alguns deles. O processo de aquisição é mostrado no Quadro 6.1.

Quadro 6.1 Processo de aquisição

Processo	Atividade
A **aquisição** é o processo de obtenção de todos os bens e serviços necessários a uma organização a partir de fontes externas.	■ análise de condições e oportunidades no mercado de fornecimento; ■ avaliação de potenciais fornecedores; ■ cálculo do custo total de aquisição; ■ desenvolvimento de estratégias de terceirização; ■ responsabilidade conjunta com os usuários para aceitar as especificações; ■ identificação de fontes de modo a assegurar a continuidade do fornecimento; ■ estabelecimento de um acordo comercial.

Análise do mercado de fornecimento envolve a obtenção de informações sobre os potenciais fornecedores, a natureza dos produtos, preços e previsões econômicas. As informações podem então ser analisadas e incorporadas em um sistema de inteligência para fornecer o conhecimento e a compreensão dos mercados em que estão sendo usados. Ver o Quadro 6.2 na sequência.

Quadro 6.2 O processo de análise de mercados e fornecedores

Processo	Atividade
A **análise** dos fornecedores é realizada antes de um fornecimento, projeto para determinar se um potencial fornecedor é capaz de atender os requisitos da necessidade da empresa. Em outras palavras, pode o fornecedor atender níveis específicos de preço, qualidade e tempo? Várias estratégias de abastecimento são possíveis, dependendo da natureza da condição.	■ fornecimento único (ou seja, usando apenas um único fornecedor); ■ recurso a múltiplas fontes (ou seja, usando mais de um fornecedor para cada requisito); ■ local, a oferta nacional ou global de mercado; ■ os acordos globais contra os quais os compradores podem tornar-se regulares; ■ ordens de fornecimento sem a necessidade de negociar os termos para cada entrega; ■ parcerias e alianças.

Uma compreensão de todos os elementos de qualquer ação de compras e de todas as suas possíveis interações e consequências é vital para o planejamento logístico adequado. Provavelmente, nunca haverá uma solução ideal, mas o objeto da logística é chegar à melhor solução, oferecendo o melhor resultado global a partir da combinação de diversos elementos e fatores quando medidos em comparação ao ideal logístico, visto que nenhum dos componentes individuais de logística é tão eficiente quanto poderia ser. O processo de planejamento é mostrado no Quadro 6.3.

Quadro 6.3 O processo de planejamento de mercados e fornecedores

Processo	Atividade
O **planejamento** permite a integração do processo de compra com funções mais amplas do sistema e da logística (por exemplo, requisições, pedidos, licitação, entregas, controle de estoque e pagamentos) a partir das especificações dos clientes	■ detalhar os produtos e fontes de abastecimento disponíveis; ■ fornecer dados de avaliação de fornecedor; ■ identificar fatores de risco em relação aos fornecedores e produtos; ■ identificar oportunidades de agregação e de normalização; ■ aconselhar sobre a melhor forma de especificação.

6.2 OS CONTRATOS E GESTÃO DE FORNECEDORES

As disposições contratuais devem ser estruturadas de forma a corresponder à exigência particular de cada situação, devendo ser definidas a partir de um processo de licitação ou por meio de negociação. Uma vez que o fornecedor tenha sido selecionado e o acordo negociado, um contrato pode ser elaborado. Isso pode ser tão simples como levantar uma ordem de compra com as condições gerais de negociação.

Com frequência, o termo compras nos remete ao processo de compras da administração de materiais. Nesse processo de compras, existem as seguintes atividades centrais:

- ■ assegurar descrição completa das necessidades;
- ■ selecionar fontes de suprimento;
- ■ obter informações de preço;
- ■ colocar os pedidos (ordens de compra);
- ■ acompanhar (*follow-up*) os pedidos;
- ■ verificar notas fiscais;
- ■ manter registros e arquivos;
- ■ manter relacionamento com vendedores.

A questão é que o processo de compras é extenso e envolve mais atividades do que aquelas diretamente relacionadas com movimentação e armazenagem de mercadorias. Entretanto, duas dessas atividades influenciam significativamente a eficiência do fluxo de bens. A primeira delas é a seleção de fornecedores. Sua escolha depende de preço, qualidade, continuidade de fornecimento e localização. A localização dos fornecedores interessa ao pessoal de logística, porque representa o ponto de partida geográfico do qual os bens devem ser entregues.

Não importa se o transporte é contratado pelo fornecedor ou pelo comprador: a distância entre fontes de suprimento e comprador influencia o tempo necessário para obter as mercadorias, além de afetar a confiabilidade dos prazos de entrega. Quando existem múltiplos pontos de carregamento, sua proximidade geográfica pode atuar nas oportunidades de consolidação de fretes e na diminuição dos custos de transporte.

Em segundo lugar, a colocação de pedidos em determinado fornecedor também afeta a eficiência da logística. A ordem de compra especifica as quantidades e, possivelmente, as instruções de entrega. É o documento primordial para iniciar o fluxo de produtos no canal de fornecimento. O processo de compras e as ordens resultantes estabelecem o volume de produtos a serem movidos e estocados no sistema logístico em dado instante. Uma coordenação falha entre os processos de compra e de movimentação de produtos pode acarretar custos logísticos desnecessários.

Não faz parte do escopo deste texto estender o conceito de logística para incluir todas as atividades associadas com a função de compra de materiais. Por isso, o termo obtenção é utilizado para referir-se aos aspectos de compras que têm algum impacto nas atividades de movimentação e armazenagem. Dessa forma, assume-se aqui que o termo compras, usado tradicionalmente em muitas empresas, envolve tanto compras como funções de movimentação de materiais. Desejamos, assim, separar esses dois e evitar a discussão da inclusão ou não das atividades de compra de materiais na logística. A administração de materiais atende apenas a poucos clientes ou mesmo um único, enquanto a distribuição física atende a muitos clientes.

O cliente da administração de materiais é o sistema de operações. Para um suprimento eficiente, exige-se conhecimento básico sobre a geração dos requisitos de produção. Lembre-se de que as necessidades da produção é que estimulam a elaboração das ordens de compra, que, por sua vez, acionam as entregas de suprimentos. A administração de materiais geralmente não está preocupada com as previsões de vendas para os produtos finais na mesma medida que a administração da distribuição física, pois o fluxo de suprimento resulta das necessidades operacionais.

6.3 COMPRAS E SUA FUNÇÃO

O setor de compras ou suprimentos, como atualmente é denominado, tem responsabilidade preponderante nos resultados de uma empresa em face de sua ação de suprir a organização com os recursos materiais para seu perfeito desempenho e atender às necessidades de mercado. Toda a atividade de uma empresa somente será possível se for abastecida com informações e materiais. Para que ela possa movimentar-se adequada e eficazmente, é necessário que os materiais estejam disponíveis no momento certo e com as especificações corretas, garantindo a continuidade do sistema e satisfazendo o processo operacional. A qualidade dos materiais deve estar de acordo com as exigências e atender ao propósito a que se destinam. A inadequação de especificações, prazos, desempenho e preços causam transtorno ao processo operacional, com atrasos na produção, não atendimento da qualidade, elevação dos custos e insatisfação do cliente.

A área de compras não é um fim em si próprio, mas uma atividade de apoio fundamental ao processo produtivo, suprindo-o com todas as necessidades de materiais. Além dessa atuação primordial, compras também é um excelente e substancial sistema de redução de custos de uma empresa por meio de negociações de preços, na busca de materiais alternativos e de incessante desenvolvimento de novos fornecedores. A visão moderna de compras será ligada ao sistema logístico empresarial como atividades-pares envolvidas em ações estreitamente homogêneas, voltada para a finalidade comum de operação lucrativa e posição competitiva de mercado.

Comprar é uma função administrativa, pois nos diversos estágios de sua interação organizacional tomam-se decisões quanto a quantidades, origem, custos e credibilidade dos sistemas de fornecimento, tanto interno como externo, sempre voltada para os aspectos econômicos e estruturais da organização. Para fazer frente às incertezas predominantes nos mercados atuais e aos novos paradigmas da economia globalizada, é de suma importância uma atuação com ampla abrangência das modernas técnicas de gestão e, principalmente, flexibilidade em face das variáveis ambientais.

A responsabilidade por suprimento, dentro do novo enfoque empresarial, deve estar subordinada ao gerente de logística, como exposto no Capítulo 1, pois facilita a tomada de decisão sobre as condições e formalidades de atendimento das necessidades de mercado, ou seja, do cliente.

6.4 OBJETIVOS DE COMPRAS

Uma importante definição de responsabilidade de compras, muito utilizada e que voltamos a frisar, é: "A capacidade de comprar materiais e produtos na qualidade certa, na quantidade exata, no tempo certo, no preço correto e na fonte adequada". Evidentemente, essa é a ação ideal que os suprimentos buscam atingir e que a empresa necessita para vencer e dominar mercados. Em face desse enunciado, podemos dizer que as metas fundamentais seriam:

- permitir continuidade de suprimentos para o perfeito fluxo de produção;
- coordenar os fluxos com o mínimo de investimentos em estoques e adequado cumprimento dos programas;
- comprar materiais e produtos aos mais baixos custos, dentro das especificações predeterminadas em qualidade, prazos e preços;
- evitar desperdícios e obsolescência de materiais por meio de avaliação e percepção do mercado;
- permitir à empresa uma posição competitiva, mediante negociações justas e de credibilidade;
- manter parceria com os fornecedores para crescer junto com a empresa.

A necessidade de uma empresa comprar cada vez melhor e com parceria é ponto importante na obtenção de resultados que tornem perene sua existência, e assim, empreendedores orientam seus setores de suprimentos para a racionalização dos processos produtivos e estoques reduzidos. Comprar bem, negociar corretamente, é fundamental para reduzir os custos do processo operacional e manter-se operante nos mercados.

Nesse enfoque, o objetivo básico de suprimentos consiste em garantir à empresa a plena satisfação de suas exigências de materiais e produtos, bem como máquinas, equipamentos e insumos necessários a sua operacionalidade, devendo todos serem negociados e

132 · Logística e Gerenciamento da Cadeia de Suprimentos • Pozo

adquiridos aos mais baixos custos, dentro dos padrões de qualidade e serviços da empresa, em que os fornecedores sejam tratados como parceiros.

Assim, o setor de compras busca, incansavelmente, evitar duplicações, estoques elevados, atos de urgência e compras apressadas, que normalmente são desnecessárias e causam conflitos e custos elevados de planejamento, estoques e transportes. Outro aspecto importante é a seleção e qualificação de fornecedores, com vistas a permitir um processo de aquisição mais confiável. Tal qualificação determina a potencialidade dos fornecedores no que se refere a suas instalações, sua estrutura formal, sua capacidade técnica e, principalmente, sua saúde financeira.

6.5 ATIVIDADES DE COMPRAS

O procedimento normal da atividade de compras envolve, além de atender às especificações de qualidade exigidas pelo mercado, a adequação da quantidade desejada, prazos de entrega e condições de pagamento que permitam à empresa maximizar seus recursos e reduzir seus custos. Estas são responsabilidades importantes do administrador de suprimentos, sempre fundamentado em seu conhecimento do processo operacional, interno e externo, para o sucesso organizacional. As negociações relativas a preço, prazo de entrega, especificações de fornecimento, embalagem, garantias de qualidade, e desempenho e assistência técnica complementam essa responsabilidade.

Em relação aos aspectos aqui expostos, podemos listar algumas das atividades típicas da área de suprimentos, que poderão variar de empresa para empresa, dependendo de seu tamanho ou estrutura. Essas atividades são: informação básica, pesquisa de suprimentos, administração de materiais e sistema de aquisição, conforme detalhado a seguir.

INFORMAÇÃO BÁSICA

- controle e registro de fornecedores;
- controle e registro de compras;
- controle e registro de preço;
- controle e registro de especificações;
- controle e registro de estoques;
- controle e registro de consumo;
- controle e registro de catálogos;
- controle e registro de econômicos.

PESQUISA DE SUPRIMENTOS

- estudo de mercado;
- especificações de materiais;
- análise de custos;
- análise financeira;
- desenvolvimento de novos fornecedores;
- desenvolvimento de novos materiais;
- qualificação de fornecedores.

ADMINISTRAÇÃO DE MATERIAIS

- garantir atendimento das requisições;
- manutenção de estoques;
- evitar excesso de estoques;
- melhorar giro de estoques;
- garantir transferência de materiais;
- padronizar embalagens;
- elaborar relatórios.

SISTEMA DE AQUISIÇÃO

- negociar contratos;
- efetivar as compras;
- analisar cotações;
- analisar requisições;
- analisar condições dos contratos;
- verificar recebimento dos materiais;
- conferir fatura de compra;
- contatar vendedores;
- negociar redução de preços;
- relacionamento interdepartamental.

Além dessas atividades, que normalmente compõem as ações mais importantes de compras, há algumas que são resolvidas em conjunto com outros setores da própria área de logística e outros setores da empresa. Essas atividades são partilhadas quer por meio de recomendações, quer por decisões de comitê, por estudo de grupo ou mesmo por decisão em conjunto.

6.6 ESTRUTURA ORGANIZACIONAL DE COMPRAS

Para o sucesso no processo de aquisição, é necessário que a empresa conduza eficazmente o setor de compras, o qual deverá estar subordinado ao departamento de logística, como recomendado no Capítulo 1, devendo estar composto por pessoal técnico e administrativo competente e altamente motivado.

Essa ligação direta com a logística, produção e vendas proporciona rapidez na tomada de decisões, fluxos contínuos, custos reduzidos e, principalmente, satisfação do cliente. Logicamente, a operação eficiente e eficaz depende da habilidade e da capacidade do pessoal técnico e administrativo envolvido.

A organização do setor de compras ou suprimentos visa não só seu desempenho como um sistema, mas também, e principalmente, sua interação com os demais setores da empresa e com o mercado: fornecedores, entidades governamentais públicas, privadas e classes sociais. Na Figura 6.1, mostramos a estrutura de compras dentro de sua área de atuação e seu inter-relacionamento.

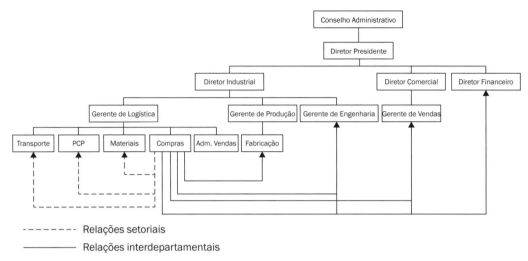

------- Relações setoriais
———— Relações interdepartamentais

Figura 6.1 Localização de compras dentro da estrutura organizacional.

O setor de compras deverá ser estruturado em conformidade com o tamanho da empresa, ou com o volume de atividades desenvolvidas e requeridas pela empresa. O responsável pelo setor de compras tem como funções primordiais deveres administrativos e executivos, estabelecendo as diretrizes gerais do setor para gerenciá-lo eficazmente. É o responsável pelo perfeito relacionamento com as empresas fornecedoras e com as exigências operacionais dos demais departamentos da organização, primando por uma administração eficiente voltada para o bom desempenho e motivação de seus comandados na obtenção dos resultados esperados pelos acionistas.

Dentro da estrutura organizacional, algumas obrigações e responsabilidades importantes a ser observadas e conduzidas são as **obrigações** e as **responsabilidades**.

OBRIGAÇÕES

1. Recomendar as diretrizes e programas gerais de aquisições.
2. Especificar e prever as situações econômicas e suas tendências influenciando os preços, tanto interna como internacionalmente.
3. Estabelecer normas de conduta para compradores.
4. Coordenar as especificações relacionadas com a aquisição.
5. Desenvolver novos materiais e fornecedores.
6. Promover a padronização e normatização de todas as aquisições.
7. Estabelecer processos de negociações visando à garantia de preços e conformidade.
8. Desenvolver e manter a estrutura formal de compras em condições de atender adequadamente aos objetivos da empresa.

9. Formalizar acordos e contratos de aquisições conforme normas e procedimentos legais.

10. Orientar e promover o desenvolvimento dos funcionários de compras.

11. Promover a integração e colaboração entre os departamentos da empresa.

12. Promover o intercâmbio de informações com fornecedores e concorrentes.

13. Preparar relatórios sobre as atividades atuais e planos futuros da área.

14. Agir dentro dos limites orçamentários.

15. Aprovar as recomendações elaboradas para a perfeita adequação de compras.

16. Avaliar o desempenho dos fornecedores e parceiros.

RESPONSABILIDADES

- Assegurar o suprimento adequado de matéria-prima, material auxiliar, peças e insumos ao processo de fabricação.
- Manter o estoque o mais baixo possível para atendimento compatível às necessidades vendidas.
- Identificar os itens obsoletos e defeituosos em estoque, para eliminá-los.
- Não permitir condições de falta ou excesso em relação à demanda de vendas.
- Prevenção contra perdas, danos, extravios ou mau uso.
- Manter as quantidades em relação às necessidades e aos registros.
- Fornecer bases concretas para a elaboração de dados ao planejamento de curto, médio e longo prazos, das necessidades de estoque.
- Manter os custos aos níveis mais baixos possíveis, levando em conta os volumes de vendas, prazos, recursos e seu efeito sobre o custo de venda do produto.

Além dos aspectos mencionados, apresentamos no Quadro 6.4 os sistemas de informações que agem diretamente em compras, influenciando e permitindo seu bom desempenho.

Quadro 6.4 Desempenho das atividades

Atividade	Descrição
Transporte	Situação dos fretes e posicionamento dos materiais em trânsito, negociações de redução de custos em recebimento e distribuição, e, principalmente, otimização das entregas aos clientes.
Administração de vendas	Área de vendas envia o pedido para este setor, que mantém contato constante e direto com os clientes, informando a situação dos pedidos.
PCP	Planejamento do sistema produtivo mediante as informações de administração de vendas e programação das necessidades com base nos inventários.
Materiais	É a área que administra todos os materiais na organização e informa a situação dos estoques e os recebimentos dos pedidos de compras em andamento.

Atividade	Descrição
Produção	Atendimento às necessidades de programa de produção, materiais auxiliares necessários, relacionamento de benefícios comuns e globais da empresa. É o setor que produz a necessidade do mercado.
Engenharia	Cooperação nas especificações técnicas, no desenvolvimento de novos materiais e fornecedores. Desenvolver condições para definir novas metodologias e processos.
Qualidade	Definições dos parâmetros de qualidade e desempenho dos materiais comprados e confirmação destas especificações. Desenvolver conjuntamente novos fornecedores e avaliar periodicamente os atuais.
Finanças	Avaliação das condições econômicas e contábeis dos contratos e das compras. Elaboração dos informes contábeis para análise de estoques, compras, prazos e rentabilidade dos produtos envolvidos nas transações de compra e venda.
Vendas	Informações sobre tendências de mercados e aceitação dos produtos pelos clientes, e, principalmente, manter a empresa em operação.

O sistema de compras baseia-se em uma ação que envolve atividades de pesquisas para a melhor adequação dos objetivos organizacionais, sendo, portanto, em seu sentido mais amplo, uma ação contínua. A investigação e a busca de novos fatos estão definitivamente conjugadas em suas atividades básicas, descritas anteriormente, tais como analisar ordem de pedido, buscar melhores preços, encontrar fornecedores certos, fontes perenes de fornecimento, novos materiais, novos mercados e assim por diante. Até mesmo o cuidadoso agendamento de reuniões de negociação torna-se um processo de pesquisa.

A coleta e a triagem dos dados devem ser elaboradas utilizando-se modernas técnicas de estudos, bem como procedimentos para definir se compramos ou fabricamos determinado produto para atender ao processo de manufatura e, finalmente, para estabelecer padrões de análise de valores.

Compras que não dependem de valores e julgamentos intuitivos, mas sim de sistemas de gestão moderna e com uso de tecnologia, são fontes geradoras de benefícios e de lucros para as empresas. O sistema de compras deve trabalhar com pesquisa constante em todo o seu envolvimento. Dentro desse enfoque, vamos analisar no Quadro 6.5 algumas ações importantes no processo de continuidade do setor, com atividades que envolvem ações de **compras** de suprimentos e de **apoio**, para se ter uma noção de seus envolvimentos com o sistema logístico e seu fluxo de informação.

Quadro 6.5 Ações para continuidade do setor

Relativo ao processo de compras	
Solicitação de compras	Este documento pode ser originado por vários setores, dependendo do tipo de material necessário dentro da empresa. Quando se tratar de material a ser empregado no processo de fabricação, será originado, normalmente, no almoxarifado (matéria-prima, material de manutenção e material auxiliar). Poderá ser originado diretamente nos setores funcionais da empresa, quando se tratar de material de uso específico ao solicitante e não exigir sua manutenção em estoque. É o documento que contém as informações sobre o que comprar, sua quantidade, prazo de entrega, local de entrega, fornecedores aprovados, últimos preços e especificações técnicas.
Análise de preços	Tendo em mãos a **coleta de preços**, procede-se à análise dos dados nela contidos para um comparativo entre os fornecedores, avaliando todos os fatores que influenciam o conjunto da proposta de cada proponente. Aqui são levados em consideração todos os dados na convergência do melhor valor agregado para a empresa, e é tomada a decisão de qual(is) fornecedor(es) irá(ão) suprir a empresa, estabelecendo-se, então, todas as condições.
Coletas de preço	A cotação de compras é o documento de registro da pesquisa de preços realizada a partir da **solicitação de compra** para um material em específico. Nele, são anotados os dados recebidos dos fornecedores, tais como preço, prazo de entrega, condições de pagamento, descontos e especificação do material ou produto.
Pedidos de compras	O pedido de compras é o contrato formal entre a empresa e o fornecedor classificado, incluindo todas as condições estabelecidas nas negociações pré-pedido após a análise de preços e que deverá fazer parte do pedido. É imperioso que o fornecedor esteja ciente de todas as cláusulas e especificações constantes nas normas e procedimentos legais da empresa e da legislação vigente. Portanto, no pedido, deverá constar: preço unitário e total, condições de fornecimento, prazo de entrega, condições de pagamento, especificações técnicas do fornecimento, embalagens, transporte e reajuste, caso haja. Os pedidos de compras devem sempre ser entregues mediante protocolo, para registro e validação.
Acompanhamento de pedido	Também conhecido como *follow-up*, trata-se do procedimento para manter sob controle todos os pedidos em carteira, em que uma pessoa especialmente designada para essa função faz um relato completo da vida inteira do pedido, até o momento em que ele é liberado para o processo da empresa. Sua essência e sua finalidade são a de evitar atrasos, ou problemas para o cliente na entrega do pedido, eliminando-se, assim, desperdícios em atividades empresariais e, principalmente, problemas com os clientes, prejudicando, portanto, a imagem da organização.

Relativo ao processo de apoio	
Desenvolvimento de fornecedores	É o procedimento que possibilita à empresa selecionar os futuros fornecedores que farão parte de seu catálogo para suprir a organização de materiais e produtos. Baseando-se em especificações elaboradas e fornecidas pela engenharia, a área de compras pesquisa e analisa o universo de fornecedores para cada tipo de material ou produto e apresenta para os setores responsáveis o avaliarem, normalmente engenharia, qualidade e finanças. O objetivo principal é estabelecer os melhores fornecedores do mercado com condições de atender todas as especificações e exigências da empresa, sendo uma fonte confiável e contínua.
Desenvolvimento de novos materiais	É o procedimento que possibilita à empresa pesquisar e selecionar novos materiais ou materiais alternativos, tanto de fornecedores atuais como de futuros, que farão parte de seu catálogo para prover a organização de materiais e produtos. Baseando-se em especificações e parâmetros fornecidos pelo mercado ou pela engenharia, a área de compras traz esses materiais ou produtos para a engenharia pesquisar, analisar e, posteriormente, concluir sobre a validade do novo material. Seu principal objetivo é estabelecer alternativas econômicas ou técnicas para melhorar o desempenho dos produtos no mercado. Terá, também, de atender todas as especificações e exigências da empresa, para pleno atendimento do mercado.
Qualificação de novos fornecedores	Essa atividade é de responsabilidade da área de engenharia; a área de compras tem uma função de estabelecer a ligação entre o fornecedor e a engenharia, ou seja, pesquisa o mercado, localiza a empresa, coleta informes financeiros e legais da mesma, visita a empresa, traz amostras para testes e emite relatório sobre sua visão do possível novo fornecedor. A engenharia, então, realiza todos os testes necessários: físico, químico, de desempenho, conformidade e aparência, emitindo um parecer. A área financeira, por sua vez, avalia a saúde econômica e financeira, também emitindo seu parecer. Após a aprovação de todos os quesitos e lotes-piloto, tem início o fornecimento normal.
Negociação	É um procedimento de relacionamento entre a empresa e o fornecedor, e não uma disputa em que um ganha e outro perde. Esse relacionamento é muito importante, pois, para continuidade e fortalecimento de uma organização, é necessário que seus fornecedores também estejam em pleno desenvolvimento e crescimento. Em um processo de negociação, quando ambas as partes ganham, podemos afirmar, com segurança e satisfação, que ocorreu uma boa negociação. Quando há confiança no relacionamento cliente-fornecedor, esse procedimento é fácil e não gera conflitos entre as partes, propiciando ganhos de ambas as partes. Portanto, o processo de negociação, embora possa parecer para muitos um centro de conflitos e desgastes, é um importante elemento de fortalecimento dos laços de interesses, de melhorias contínuas e, principalmente, de aumento dos lucros para ambas as empresas.

ESTUDO DE CASO

GERENCIAMENTO DO RELACIONAMENTO COM FORNECEDORES EM UMA EMPRESA FARMACÊUTICA

Uma empresa farmacêutica líder com sede nos Estados Unidos, com atuação diversificada, busca melhorar as relações com fornecedores estratégicos (fabricantes e distribuidores). Em face da crescente pressão do mercado sobre matérias-primas, a empresa pediu o apoio da HPR Consulting na melhoria da visibilidade global de sua marca a partir de sua cadeia de suprimentos global, principalmente de fornecedores do mercado externo. O desafio consistiu em:

- desenvolver a implementação de um programa abrangente de Gerenciamento do Relacionamento com Fornecedores (GRF), por meio de material direto com a base de fornecedores;
- compreender as principais lacunas, desafios e oportunidades nas práticas atuais de GRF;
- alinhar os interessados em apoio ao programa formal de GRF;
- desenvolver um modelo de GRF personalizado aos processos, incluindo modelo, e ferramentas e solução efetivas;
- reduzir o *lead time* dos fornecedores.

Para desenvolver o programa GRF, a HPR Consulting, com base na avaliação de *feedback* dos fornecedores, forneceu os requisitos das partes interessadas (fornecedores) e os recursos existentes para ajudar a definir o processo de estratificação e reorientar estrategicamente os recursos necessários. Parte dessa abordagem incluiu projetar processos de governança e um programa de desenvolvimento de fornecedores, bem como os requisitos de formação e definição de um plano de comunicação para apoiar a implementação.

OS RESULTADOS

O programa-piloto foi implementado em toda a rede de fornecedores de produtos e matérias-primas. Em particular, no âmbito deste novo processo, a empresa foi capaz de melhorar os resultados de gestão de risco com um fabricante com contrato estratégico e identificar e resolver o problema potencial de qualidade dessa empresa. Após implantação, a base global de fornecedores de matéria-prima foi reduzida em 30%, e a base formal de fornecedores de produto em 20%.

Questões para discussão:

1. Qual a razão de essa indústria farmacêutica implantar um GRF?
2. Dos desafios, qual foi o mais difícil de ser atingido mais rapidamente? Por quê?
3. Na sua visão do negócio, qual a finalidade de reduzir o *lead time* dos fornecedores?
4. Qual a razão de a base formal de fornecedores de matéria-prima ter maior sucesso do que a de produtos? Justifique.
5. Dê seu parecer sobre os problemas da empresa farmacêutica.

QUESTÕES para revisão

1. Qual é o papel da função compras?
2. Descreva o papel do sistema de aquisição.
3. Descreva as atividades típicas de suprimentos.
4. Como deve ser estruturado o setor de compras? Por quê?
5. Quais são as atividades de apoio em suprimentos?
7. Quais são os elementos de avaliação do desempenho de suprimentos?
9. Por que o setor de compras deve estar subordinado à logística?
10. Como o setor de suprimentos deve desenvolver novos fornecedores?

Capítulo 7

CUSTOS LOGÍSTICOS

Assista ao vídeo do autor sobre este Capítulo.

Um dos principais desafios da logística empresarial é gerenciar adequadamente a relação entre custos e nível de serviço. A função da logística é a constante melhoria da rentabilidade e da oferta de nível de serviço ao cliente como fator de desempenho competitivo. A gestão logística tem como dever primordial solucionar os problemas existentes entre nível de serviço e custos, que consistem na falta de sistemas adequados para a gestão dos custos logísticos. Aqui, vamos analisar os métodos tradicionais de custeio e seu relacionamento com os custos logísticos, bem como demonstrar o uso de algumas ferramentas para o custeio de uma cadeia de suprimentos, com ênfase em custos logístico

Normalmente, as informações da contabilidade da empresa são utilizadas para fins gerenciais; no entanto, por estarem direcionadas a um objetivo fiscal sem uma preocupação de apoio, podem inviabilizar a análise gerencial na tomada de decisão. Outro fator que corrobora com essa evidência da falta de comprometimento dos dados contábeis com os custos logísticos é observado na elaboração dos planos de contas (LIMA, 1998).

Os custos logísticos têm enorme incidência sobre o custo final de um produto, à medida que todas as restrições que a distribuição de mercadorias enfrenta agem direta e terrivelmente sobre esse custo final. Essas restrições acabam se tornando um impasse, tendo em vista que os custos são absorvidos pelo mercado e, inevitavelmente, afetam a economia como um todo.

No Brasil, os principais problemas são:

142 | Logística e Gerenciamento da Cadeia de Suprimentos • Pozo

- falta de mecanismos e investimentos para a integração modal;
- o sistema rodoviário, apesar de ser bastante flexível, acaba tendo seus custos ampliados em virtude da limitação de carga, necessidade de infraestrutura e vias sem manutenção;
- necessidade de ampliação dos pontos de integração modal e de recuperação de grande parte das rodovias do país, ainda bastante precárias;
- necessidade de ampliação do sistema ferroviário;
- necessidade de expansão dos pontos de integração entre os modais;
- dar início à terceirização logística, uma tendência já consolidada, que tem por objetivo tornar a distribuição e o transporte economicamente mais viáveis;
- a importância da localização das empresas para reduzir o custo logístico;
- a localização estratégica de uma empresa deve ser considerada e receber especial atenção ao ser traçado o planejamento logístico.

Todas as empresas, independentemente da área de atuação (comércio, indústria ou serviços), possuem gastos. Esses gastos se subdividem genericamente em custos, despesas variáveis e despesas fixas. A análise desses gastos se faz necessária para a apuração correta de sua lucratividade e, também, para o gerenciamento financeiro mais eficiente. Os custos se referem aos gastos efetuados com materiais e insumos (na produção do bem, no caso da indústria), aquisição do produto (no caso do comércio) ou realização dos serviços. Dentro da análise de custos, temos as despesas fixas: são aquelas que variam proporcionalmente ao volume produzido ou ao volume vendido, ou seja, só haverá despesa se houver venda ou unidades produzidas. E as despesas variáveis, aquelas cujo total não varia proporcionalmente ao volume produzido (na indústria), ou ao volume de vendas (comércio e serviço), ou seja, existem despesas a serem pagas, independentemente da quantidade produzida ou do valor de venda.

Os custos de transporte dos materiais adquiridos tendem a compor o custo do produto vendido, como se fosse custo de material. Os custos de transporte de distribuição, geralmente, aparecem como despesas de vendas e, por fim, outros custos são incluídos em despesas administrativas. E com relação às atividades logísticas, quase nenhuma despesa evidenciada ou detalhamento é apresentado. Essa falta de informações sobre os custos que sejam úteis ao processo decisório e ao controle das atividades logísticas nos direciona a compor um desenvolvimento de ferramentas gerenciais com objetivos específicos para os custos logísticos.

O gerenciamento desses custos deve estar alinhado com os objetivos da empresa. Pode-se, assim, desenvolver uma sistemática para atender às necessidades dessas atividades, formando um ferramental excepcional para incorporar todas as atividades existentes na cadeia de suprimentos. A gestão de custos logísticos deve extrapolar todos os limites da empresa.

Esse novo enfoque da gestão integrada da logística e de seus custos relacionados com a cadeia de suprimentos e todo o processo operacional logístico conduz a uma nova abordagem para avaliar o custo logístico. A análise dos custos sob a ótica da logística consiste na avaliação do custo total logístico e no conceito de valor agregado.

Ballou (2006) afirma que o **custo total logístico** é a soma dos custos de transporte, estoque e processamento de pedido e pleno atendimento do cliente. Sob a perspectiva da **cadeia de suprimentos**, decisões tomadas com base no conceito de custo total logístico não conseguem identificar e analisar os custos existentes externamente à empresa e que compõem o custo total logístico. Muitas empresas utilizam o conceito de valor agregado na avaliação de seu desempenho. Por isso, a gestão de custos com eficácia nos conduz a uma abordagem mais ampla, que visualize, também, as atividades externas ao ambiente da empresa.

Percebe-se, com frequência, que até mesmo as relações de interdependência das atividades realizadas dentro da empresa não são consideradas. Na conceituação convencional da estrutura de custo tradicional, os custos são diretamente correlacionados aos volumes de produção. Em um enfoque estratégico dos custos, esse conceito é abandonado e procura-se levantar quais são os fatores que, efetivamente, compõem os custos. Podemos, ainda, destacar o fato de que os sistemas convencionais de custeio foram projetados para períodos em que a mão de obra e a matéria-prima eram os fatores predominantes de produção, ou seja, é um sistema oriundo do fim do século XIX. Analisando os métodos de custeio tradicionais, Christopher (1997) afirma que eles são inadequados para a análise de lucratividade por cliente e por mercado, porque eles foram originalmente concebidos para medir os custos dos produtos.

Os estudos nos mostram que, em geral, os custos logísticos de uma empresa de transformação variam entre 19 e 22% do valor de suas vendas líquidas. Veja, na Tabela 7.1, uma comparação dos custos logísticos totais e sua ampla variação de custo de indústria para indústria. Podemos ver que, na indústria alimentícia, os custos logísticos representam mais de 25,1% das vendas; a indústria metalúrgica 24,9%; a de bens duráveis 21,4%; e as empresas de menores custos logísticos, a eletrônica com 14,9% e a farmacêutica com 15,1%. As demais variando de 15 a 20%.

Tabela 7.1 Comparação dos custos logísticos totais e seus principais componentes como porcentagem das receitas

Indústria	Armazenagem	Movimentação	Processamento	Distribuição	Total
Alimentícia	10,9	1,3	1,3	11,6	25,1
Bens duráveis	12,7	2,2	0,7	5,8	21,4
Eletrônica	5,3	0,8	0,9	7,9	14,9
Farmacêutica	6,9	1,1	0,9	6,2	15,1
Metalúrgica	11,1	2,8	1,3	9,7	24,9
Máquinas	4,9	1,6	0,4	8,3	15,2
Química	5,5	2,2	0,5	10,9	19,1
Papel	4,9	2,1	0,4	11	18,4
Têxtil	9,3	1,6	1,1	8,8	20,8

Fonte: Pozo (2014).

7.1 MÉTODO DOS CENTROS DE CUSTOS

O método dos centros de custos continua sendo uma das principais ferramentas de apuração de custos, no qual a empresa é mapeada em centros de custos, que correspondem aos diversos departamentos da organização. Esse processo de divisão em centros de custos preserva a estrutura formal da empresa.

A empresa está estruturada com um sistema de duas etapas. Na primeira etapa, a empresa é dividida em centros de custos e distribuem-se os itens de custos a serem alocados aos produtos nesses centros, por meio de bases de rateio; assim, obtêm-se os custos totais do período para cada centro de custos. Na segunda etapa, os custos são alocados dos centros aos produtos.

A alocação dos centros de custos é estipulada em função de sua localização e especificidade. Os centros de custos podem ser classificados em produtivos, auxiliares, desenvolvidos para uma época em que a mão de obra era de grande intensidade e, portanto, sem compromissos dessa metodologia com os custos logísticos. Uma das grandes dificuldades com a utilização do método dos centros de custos é apurar custos que não sejam aqueles de produtos ou dos centros de custos.

Quando falamos e discutimos sobre como elaborar os custos da cadeia logística, uma visão fragmentada do processo logístico torna-se mais difícil. Outros elementos sobre o enfoque dos custos logísticos são aqueles relacionados com transportes, considerados despesas variáveis em relação à quantidade vendida e, normalmente, associados aos produtos. Porém, os demais são classificados como gastos fixos, ficando de fora do custeamento logístico, em face do princípio do custeio variável.

7.2 MÉTODO DE CUSTO-PADRÃO

Uma das principais ferramentas de custeio empresarial, o custo-padrão não constitui um método, propriamente dito, de apuração de custos, uma vez que ele por si só não se sustenta. Esse método requer uma metodologia de apoio para que seja possível definir os padrões e os custos realmente ocorridos e, então, fazer a comparação e identificação das diferenças e dos desvios, o que constitui o seu objetivo. É um custo estimado e calculado antes de iniciar o processo produtivo.

Baseia-se nos custos de produção (períodos anteriores) de uma empresa industrial. Pode fixar como padrão custos para cada produto a ser fabricado. Portanto, define-se o padrão para gastos com materiais, mão de obra e gastos gerais de fabricação. Quanto maior o detalhamento do padrão em relação a cada elemento participante do custo, melhores resultados serão obtidos.

Alguns conceitos básicos para reforçar nosso entendimento são mostrados no Quadro 7.1.

Quadro 7.1 Conceitos básicos de custo-padrão

Item	Descrição
Gastos	Sacrifício financeiro que a entidade arca para a obtenção de um produto ou serviço qualquer, sacrifício esse representado por entrega ou promessa de entrega de ativos (normalmente dinheiro).
Investimento	Gasto ativado em função de vida útil ou benefícios atribuídos a futuro(s) período(s).
Despesa	Bem ou serviço consumido, direta ou indiretamente, para a obtenção de receita.
Desembolso	Pagamento resultante da aquisição de um bem ou serviço.
Perda	Bem ou serviço consumido de forma anormal e involuntariamente.
Custo	Gastos relativos a um bem ou serviço utilizados na produção de outros bens ou serviços.
Custo direto	É aquele facilmente identificado no produto. Não precisa de critérios de rateio.
Custo indireto	É aquele não identificado no produto. Necessita de critérios de rateios para locação, como depreciação, mão de obra indireta, seguros etc.
Custo variável	Depende da quantidade produzida. Por exemplo, combustível, matéria-prima etc.
Custo fixo	Independe da quantidade produzida. Por exemplo, aluguel, depreciação etc.
Custo de transformação	É a soma de todos os custos de produção, exceto a matéria-prima e outros elementos adquiridos, ou seja, é o custo do esforço realizado pelas empresas.

Veja a interpretação gráfica dos custos fixos e variáveis e de receitas na Figura 7.1.

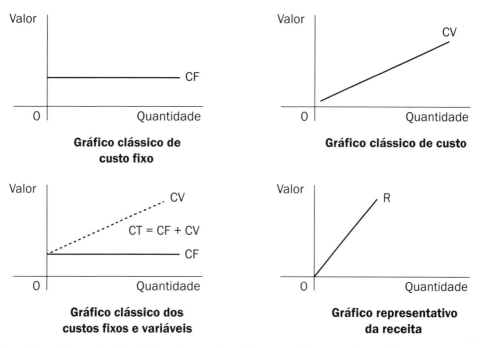

Figura 7.1 Interpretação gráfica dos custos fixos e variáveis e de receitas.

146 | Logística e Gerenciamento da Cadeia de Suprimentos • Pozo

O objetivo do custo-padrão é fornecer suporte para o controle de custos da empresa, e a fixação do padrão pode ser realizada com maior ou menor rigidez. O critério de rigidez relaciona-se com os objetivos estabelecidos pelas empresas. Um padrão mais rígido ou ideal se presta a uma meta de longo prazo; esse padrão não é muito empregado, tendo em conta a dificuldade em ser estabelecido. A fixação de um padrão mais realista considera as deficiências relativas ao processo produtivo. Esse padrão é comumente chamado de corrente.

A sistemática do custo-padrão é aplicada a todos os custos da empresa. Fixam-se os padrões de custos e, ao final do período, procede-se à comparação com os custos realmente ocorridos. As diferenças entre o padrão e o real são encontradas e analisadas de forma que as correções sejam realizadas o mais rápido possível.

Quanto ao seu relacionamento com os custos logísticos, o método de custo-padrão tem como finalidade a identificação das diferenças nos custos de matéria-prima e mão de obra direta, porém, nas demais categorias de gastos, a utilização tem certo questionamento em virtude de como se processam os rateios que precisam ser realizados. No setor de serviços, o custo-padrão mostra-se ineficiente, visto que a maioria dos gastos relacionados com as atividades logísticas refere-se a custos indiretos e despesas.

Nesse caso, o custo-padrão apresenta os mesmos problemas do método dos centros de custos ou de custeio variável, quando usados para suportá-lo. Essas metodologias tradicionais foram desenvolvidas para serem utilizadas, principalmente, em ambientes de manufaturas. Elas não foram projetadas para prover informações além dos limites da fábrica, de modo que grande parte da cadeia logística permanece fora de sua abrangência. Recentemente, percebendo-se que a má qualidade das informações de custos traz uma elevada gama de distorções no processo de tomada empresarial de decisões, novas ferramentas de gestão de custos foram desenvolvidas, algumas específicas para o gerenciamento de custos logísticos.

Os custos logísticos têm um valor, e a adoção de uma abordagem integrada para o gerenciamento de informações dos custos, da operação até a distribuição, proporciona mudanças nos sistemas convencionais da contabilidade de custos, deixando para trás sua metodologia tradicional. Os problemas surgidos em níveis operacionais resultantes do gerenciamento logístico advêm dos impactos diretos e indiretos nas decisões logísticas.

7.3 CUSTO ABC

O enfoque da gestão integrada dos custos relacionados com a cadeia de suprimentos se contrapõe à análise tradicional da logística. A análise dos custos sob a ótica da logística consiste na avaliação do Custo total logístico e no conceito de valor agregado. Ballou (2006) afirma que o custo total logístico é a soma dos custos de transporte, estoque e o planejamento e processamento dos pedidos. Sob a perspectiva da cadeia de suprimentos, decisões tomadas com base no conceito de custo total logístico não conseguem enxergar os custos existentes fora da empresa.

A utilização do conceito de valor agregado na avaliação de seu desempenho, com um gerenciamento dos custos com eficácia, exige uma abordagem muito mais ampla.

A metodologia de custo ABC tem como escopo eliminar as distorções causadas na apuração dos custos dos produtos e serviços para, então, proporcionar uma melhor precisão do custeio de produtos e serviços. O método ABC contribui para o gerenciamento mais eficaz dos custos logísticos. O caráter quantitativo do método ABC torna-se, dentro deste contexto, um componente-chave para a análise e avaliação de processos logísticos, além de melhorar em muito a qualidade das decisões.

O custeio baseado em atividades pode servir de base para o custeio e gerenciamento das atividades da cadeia de suprimentos. Como os custos logísticos são, basicamente, custos de serviços, o ABC pode ser uma das melhores alternativas para a determinação desses valores, em razão de sua aplicabilidade nesses ambientes. A visão horizontal da empresa, necessária para a identificação das atividades executadas no fluxo logístico, também está presente na teoria do custeio baseado em atividades, em que as atividades são identificadas a partir do mapeamento de processos.

Assim, conclui-se que o ABC pode ser empregado como base para a utilização de outras técnicas, que permitirão a melhoria dos processos da cadeia e redução dos custos logísticos. A proposta-modelo de gerenciamento dos custos logísticos com base no ABC segue os seguintes passos:

1º Passo: Processos logísticos envolvidos em uma cadeia genérica de suprimentos

A existência desses processos gera custos que permeiam toda a cadeia de suprimentos. Partindo-se da manufatura, observa-se que os processos se iniciam com a escolha de fornecedores e percorrem toda a cadeia até a disponibilização de bens e serviços para o consumidor final, passando pela armazenagem e o varejo.

2º Passo: Detalhamento dos processos logísticos

Para que o sistema de custeio ABC seja adequado, é fundamental que se entenda como os custos são incorridos. Uma análise dos processos empresariais (*Business Process Analysis* – BPA) identifica os processos e os divide em atividades.

3º Passo: Determinação das atividades ocorridas dentro dos processos logísticos

Com a execução de um fluxograma de atividades, constitui-se a base para a identificação do que é realizado por uma cadeia de suprimentos a partir do uso da análise de suas atividades.

4º Passo: Análise e avaliação dessas atividades

Determinadas as atividades, essas são descritas por verbos associados a objetos (por exemplo, acompanhar pedidos, receber materiais, embalar produto etc.), relacionadas com a manufatura, distribuição física, clientes e consumidor. Atualmente, existem dicionários padrão que oferecem um modelo para seleção de atividades apropriadas em determinadas aplicações (KAPLAN; COOPER, 1998).

5º Passo: Análise das atividades

Cada atividade representada deve ser documentada. O processo de documentação das atividades deve especificar: entradas (*inputs*) que as atividades recebem; o modo como as

148 | Logística e Gerenciamento da Cadeia de Suprimentos • Pozo

atividades são desempenhadas; quem as realiza; quais atividades fornecem *inputs*; quais são as saídas (*outputs*) que as atividades produzem; que outras atividades recebem os *outputs* dessas atividades e quais são os recursos consumidos para desempenhar essa atividade.

6º Passo: Determinação dos custos das atividades e alocação dos custos aos objetos

Os direcionadores de custos de atividades associam os custos das atividades a objetos de custos (produtos, serviços, clientes e fornecedores). Um direcionador de custo de atividade é uma medida quantitativa do desempenho de uma atividade. A etapa de determinação dos direcionadores de custos é semelhante ao procedimento de identificação dos processos e atividades. A etapa inicial da alocação dos custos em um sistema ABC consiste na alocação dos custos dos recursos consumidos pelas atividades.

Os recursos são apropriados às atividades por intermédio de direcionadores de recursos. Para que se consiga a melhor definição do direcionador de recurso, é necessário o bom entendimento dos processos/atividades logísticas.

Para melhor exemplificar como os modais de transportes têm suas estruturas de custos envolvidos, veja o Quadro 7.2.

Quadro 7.2   Estrutura de custos dos modais

Modal	Estrutura de custo
Ferroviário	Alto custo fixo em equipamentos, terminais, vias férreas etc. Custo variável baixo.
Rodoviário	Custo fixo baixo (rodovias estabelecidas e construídas com fundos públicos). Custo variável médio.
Hidroviário	Custo fixo médio (navios e equipamentos). Custo variável baixo (capacidade para transportar grande quantidade de tonelagem).
Dutoviário	Custo fixo mais elevado (direitos de acesso, construção, requisitos para controles das estações e capacidade de bombeamento). Custo variável mais baixo (nenhum custo com mão de obra de grande importância).
Aeroviário	Custo fixo alto (aeronaves e manuseio e sistemas de cargas). Alto custo variável (combustível, mão de obra, manutenção etc.).

7.4 CUSTOS LOGÍSTICOS NO BRASIL

O custo logístico é a soma dos gastos com transporte, estoque, armazenagem e serviços administrativos. Pesquisas da Dom Cabral (2018) e do ILOS (2017) mostram que o custo logístico no Brasil, em 2017, foi de 12,7% do Produto Interno Bruto (PIB), enquanto nos Estados Unidos, nesse mesmo período, foi de 7,8%. Portanto, uma enorme diferença, que impacta diretamente o custo do produto e, também, as exportações brasileiras. A composição do custo logístico no Brasil está assim dividida:

- Transportes: 53,5%.
- Armazenagem: 42,5%.
- Administração: 4,0%.

O índice cresceu no ano de 2017, se considerados os 12,1% registrados em 2014, que equivale a R$ 750 bilhões. Os números são elevados e impactam a competitividade da produção brasileira. A maior parte do custo é formada pelo transporte, que equivale a 6,8% do PIB (R$ 401 bilhões); seguido por estoque (4,5% do PIB, ou R$ 268 bilhões); armazenagem (0,9% do PIB, ou R$ 53 bilhões); e administrativo (0,5% do PIB, ou R$ 27 bilhões).

De acordo com o levantamento do ILOS (2017), uma infraestrutura mais adequada de transporte, que permita uma proporção de modais similar à dos Estados Unidos, viabilizaria uma redução de R$ 80 bilhões no custo com transporte.

Os principais aspectos a considerar quando se analisa o custo logístico no Brasil são:

- falta de investimentos em infraestrutura (estradas, ferrovias etc.);
- precariedade da infraestrutura, em que o modal rodoviário é o mais utilizado no país, mas encontra-se em péssimas condições de conservação;
- a extensão continental do país representa um empecilho para o desenvolvimento do setor, principalmente pela dificuldade de acesso a determinadas áreas e relevos distintos, que atrapalham a expansão do modal ferroviário;
- os altos custos associados às operações logísticas são justificados tendo em vista os elevados impostos cobrados na movimentação de carga e combustível;
- o excesso de burocracia, notadamente em aeroportos e portos, no que diz respeito a desembaraço de papéis e à vistoria de cargas, diminui a eficiência que poderia incrementar a característica de rapidez no modal aéreo e a segurança no marítimo;
- déficit no gerenciamento de transporte, necessitando aumentar o grau de profissionalização das transportadoras e profissionais envolvidos, principalmente motoristas; racionalizar a distribuição de mercadoria no veículo; monitoramento de entregas e roteirização de cargas; investir em inovação; e optar pela sustentabilidade e ações de logística reversa.

Para reflexão, veja, na Tabela 7.2, um comparativo do uso de modais de transporte no Brasil e nos Estados Unidos.

Tabela 7.2 Comparativo do uso de modais

Modal	Brasil	EUA
Rodoviário	65,0%	43,0%
Ferroviário	20,0%	32,0%
Hidroviário	11,9%	8,0%
Dutoviário	3,0%	16,8%
Aeroviário	0,1%	0,2%

Fonte: Dom Cabral (2018).

ESTUDO DE CASO

COMO REDUZIR CUSTOS DA CADEIA DE SUPRIMENTOS SEM COMPROMETER A QUALIDADE

José Penteado Sobrinho assumiu o cargo de diretor da cadeia de suprimentos da empresa JKX, sediada em Campinas, São Paulo, em abril de 2011. Assim que os primeiros sinais de recessão começaram a ser sentidos no Brasil em face da política econômica governamental, houve certo receio. Mesmo assim, José Penteado percebeu que o negócio da empresa, com vendas de R$ 150 milhões anuais, necessitava de uma forte consolidação de sua cadeia de suprimentos, dado o abrandamento do crescimento que a empresa estava prevendo. Ele disse:

> No início de 2011, era óbvio que o negócio, que é mais conhecido por sua qualidade e marca, JKX, necessitaria rever toda a infraestrutura de distribuição. O negócio tinha crescido significativamente no início da década, e o sistema fora criado para lidar com uma duplicação em crescimento a cada cinco anos. A paisagem tinha mudado significativamente e precisávamos de um novo modelo de gerenciamento da cadeia de fornecimento.

O DESAFIO

Considerando que um dos elementos de custos de infraestrutura da JKX referia-se aos centros de distribuição (CD), implantado três anos antes de sua chegada, Penteado solicitou aos consultores independentes que prestavam serviços à empresa sobre cadeia de suprimentos (PPL Consultores) uma análise do impacto de diferentes cenários de ações. A equipe da PPL é bem conhecida no mercado por fornecer modelagem em cadeia de suprimentos, que permite a análise de sensibilidade para avaliar o impacto dos CDs no sentido de estabelecer ou remover a partir de locais específicos.

Penteado disse:

> Usando uma consultoria externa com experiência relevante, foi inestimável quando eles confirmaram nossos pensamentos sobre o futuro do modelo da cadeia de suprimentos que deveríamos utilizar. A equipe da PPL agiu como uma boa base de dados, o que nos permitiu realizar o planejamento de cenários sobre as opções que tínhamos em mente.

A SOLUÇÃO

Ao mesmo tempo em que se consolidava o projeto do CD pela PPL, a equipe de análise da cadeia de suprimentos da JKX também analisou outras iniciativas para redução de custos, como a redução da frequência de entrega, a terceirização na prestação de serviços e, também, a exploração de novas opções da cadeia de suprimentos para a marca *Especial* da JKX. Ademais, ações básicas voltadas para obter níveis de estoque e gestão de inventário baixos fizeram parte da estratégia da empresa.

OS RESULTADOS

Em última análise, a abordagem proativa da JKX para o gerenciamento da cadeia de suprimentos mostra como uma visão e uma ação decisiva em ações pontuais são vitais para reduzir custos, e não impactar negativamente os níveis de serviços ao cliente. Mediante uma ação de racionalização da rede de fornecedores e a adoção de 3PL para estabelecer uma estrutura flexível de custos e melhor gerenciamento de estoques, a JKX foi capaz de reduzir seus custos globais da cadeia de fornecimento em 30%.

Questões para discussão:

1. Qual a razão de Penteado ter receios ao assumir o cargo de diretor?
2. Qual era o diferencial da JKX? Justifique.
3. Houve conflitos entre as ideias de Penteado e as da PPL Consultores? Justifique.
4. Qual a visão da JKX e da PPL com relação ao mercado?
5. Quais os elementos que permitiram reduzir em 30% os custos globais da cadeia de fornecimento?

QUESTÕES para revisão

1. O que se entende por custo logístico?
2. Como a logística impacta o Custo Brasil?
3. Quais são, dentro da logística, os elementos que impactam o custo de um produto?
4. Quais são os elementos que compõem o custo de transporte?
5. Quais são os elementos que compõem o custo de armazenagem?
6. Quais são os elementos que compõem o custo de movimentação?
7. Explique a metodologia do custo-padrão.
8. Explique a metodologia do custo ABC.
9. Quais são os cinco passos para o custo ABC?
10. Qual a importância de se estabelecerem custos logísticos?

REFERÊNCIAS

ANDERSON, C. Os drones vão para o trabalho. *Harvard Business Review Brasil*, 2018. Disponível em: https://hbrbr.uol.com.br/os-drones-vao-para-o-trabalho/. Acesso em: 28 ago. 2019.

ASSAD, A. A. Modeling and implementation issues in vehicle routing. *Vehicle routing: methods and studies*. North Holland: B. L. Golden, 1988.

BALLOU, R. H. *Basic business logistic management*. Englewood Cliffs: Prentice Hall, 1995.

BALLOU, R. H. *Gerenciamento da cadeia de suprimentos: logística empresarial*. Porto Alegre: Bookman, 2006.

BOWERSOX, D. J. *Logistical management*. McGraw-Hill, 1986.

BOWERSOX, D. J.; CLOSS, D. J.; COOPER, M. B. *Gestão logística de cadeias de suprimentos*. Porto Alegre: Bookman, 2006.

BRASIL. *Decreto nº 7.404, de 23 de dezembro de 2010*. Dispõe sobre a Regulamentação da Política Nacional de Resíduos Sólidos. 2010. Disponível em: www.planalto.gov.br/ccivil_03/_ato2007-2010/2010/Decreto/D7404.htm. Acesso em: 26 ago. 2018.

BROOKS, R. B; WILSON, L. W. *Inventory record accuracy*. New York: Oliver Wight, 1995.

BROWN, S. A. *CRM Customer Relationship Management: uma ferramenta estratégica para o mundo E-Business*. São Paulo: Makron Books, 2001.

CHOPRA, S.; MEINDL, P. *Gerenciamento da cadeia de suprimentos: estratégia, planejamento e operações*. São Paulo: Prentice Hall, 2003.

CHRISTOPHER, M. *Gerenciamento da cadeia de suprimento*. São Paulo: Pioneira, 1997.

COOPERS & LYBRAND. *Efficient consumer response Europe, value chain analysis*. Project overview, 1996.

DANKBAAR, B. *Werken in Netwerken*. De gevolgen van Electronic Data Interchange voor arbeid en organisatie. Den Haag: SZW, 1991.

DEMARTINI, Felipe. China aprova entrega de encomendas por drones. *Canaltech*, 28 mar. 2018. Disponível em: canaltech.com.br/drones/china-aprova-entrega-de-encomendas-por-drones-110798/. Acesso em: 28 ago. 2019.

DIAS, V. *Logística global e macrologística*. Lisboa: Sílabo, 2005.

DRONESHOW. *SMX realiza teste inédito no Brasil de entregas usando drones*. 21 ago. 2018. Disponível em: https://droneshowla.com/smx-realiza-teste-inedito-no-brasil-de-entregas-usando-drones/. Acesso em: 28 ago. 2019.

ECR BOARD. *ECR Europe Executive Board Vision Statement*, 1995.

FARRELL, P. V.; HEINRITZ, S. F. *Compras, princípios e aplicações*. São Paulo: Atlas, 1994.

FOGARTY, D. W.; HOFFMANN, T. R. *Production and inventory management*. Cincinnati, OH: South-Western, 1990.

FREIRES, F. G. M. *Proposta de um modelo de gestão de custo da cadeia de suprimentos*. 2000. Dissertação (Mestrado em Engenharia de Produção) – Escola de Engenharia de Produção da Universidade Federal de Santa Catarina, Florianópolis, 2000.

GAITHER, N.; FRAZIER, G. *Production and operations management*. Cincinatti, OH: South-Western College, 1999.

GLRT. *World class logistics*: the challenge of managing continuous change. Michigan: Council of logistics Management, 2010.

GREENE, J. H. *Production & inventory control handbook*. New York: McGraw-Hill, 1997.

GREVE, C.; DAVIS, J. *Recovering lost profits by improving reverse logistics* (Tech.). UPS. 2010.

GUIMARÃES, Leonardo. Amazon insiste em entrega por drones e fecha parceria com a NASA. *Novarejo*, jan. 2019. Disponível em: https://portalnovarejo.com.br/2019/01/amazon-insiste-em-entrega-por-drones-e-fecha-parceria-com-a-nasa/. Acesso em: 28 ago. 2019.

HALL, R. W. *Zero inventories*. Homewood, IL: Dow Jones-Irwin, 1992.

HERNANDÉZ, C. T. *et al. A logística reversa e a responsabilidade social corporativa*: um estudo de caso num consórcio de gestão de resíduos industriais. São Carlos, SP: 2012.

HESKETT, J. L.; GLASKOWSKY JR., N. A.; IVIE, R. M. *Business logistic*. The New York Rolland Press, 2006.

IACONO, A.; NAGANO, M. S. Interação e cooperação em arranjos produtivos locais: identificação e análise dos fatores inibidores. XII Simpósio de Administração da Produção, Logística e Operações Internacionais, São Paulo, 2009. *Anais* [...], FGV/Eaesp, São Paulo, 2009.

JOHNSON, J. C.; WOOD, D. F. *Contemporary logistics*. New York: MacMillam, 2009.

KAPLAN, R. S.; COOPER, R. *Custo e desempenho: administre seus custos para ser mais competitivo*. São Paulo: Futura, 1998.

KATUNZI, T. M. Obstacles to process integration along the supply chain: manufacturing firms perspective. *International Journal of Business and Management*, v. 6, n. 5, p. 105-113, 2011.

KOTLER, P.; BOWEN, J.; MAKENS, J. *Marketing for hospitality e tourism*. London: Prentice Hall, 1994.

KOTLER, P.; KARTAJAYA, H.; SETIAWAN, I. *Marketing 4.0*: moving from traditional to digital. John Wiley & Sons, 2017.

LACERDA, L. *Logística reversa*: uma visão sobre os conceitos básicos e as práticas operacionais. Rio de Janeiro: CEL/Coppead/UFRJ, 2002. Disponível em: www.paulorodrigues.pro.br/arquivos/Logistica_Reversa_LGC.pdf. Acesso em: 20 ago. 2019.

LAMBERT, D. M.; STOCK, J. R. *Strategic logistics management*. Boston: McGraw-Hill, 2001.

LEITE, P. R. *Logística reversa*: meio ambiente e competitividade. São Paulo: Prentice Hall, 2003.

LIMA, M. P. *Custos logísticos*: uma visão gerencial. Rio de Janeiro: CEL/Coppead/UFRJ, 1998.

LIMA, R. Empresa de drones da Google inicia serviço de entregas na Austrália. *Tecmundo*, 20 abr. 2019. Disponível em: www.tecmundo.com.br/mercado/140402-empresa-drones-google-inicia-servico-entregas-australia.htm. Acesso em: 28 ago. 2019.

LIVA, P.; PONTELO, V.; OLIVEIRA, W. Logística reversa. *Tecnologia industrial*: logística. 2004. Disponível em: www.ietec.com.br. Acesso em: 21 abr. 2014.

MARCHESE, L. Q.; KONRAD, O.; CALDERAN, T. B. Logística reversa e educação ambiental contribuindo para a implantação da política nacional de resíduos sólidos. *Revista Caderno Pedagógico*, Lajeado, RS. v. 8, n. 2, 2011.

MARTINS, P. G.; LAUGENI, F. P. *Administração da produção*. São Paulo: Saraiva, 2006.

MARTINS, R. *et al*. Estratégias de Gestão de operações logísticas em organizações industriais de um arranjo produtivo local (APL). *Revista de Administração Unimep*, v. 9, n. 1, p. 1-31, 2011.

McKINNON, A. *Handbook of logistics and supply-chain management*. Bengley, UK: Emerald Publishing, 2008.

MOURA, L. A. A. *Qualidade e gestão ambiental*. São Paulo: Juarez de Oliveira, 2002.

PERSSON, G. Achieving competitiveness through logistics. *The International Journal of Logistics Management*, v. 2, n. 1, 1991.

PLUMB, W. D. *EDI Forum 1993*. EDI Publications, 1993. v. 1.

POZO, H. *Administração de recursos materiais e patrimoniais*: uma abordagem logística. São Paulo: Atlas, 2014.

POZO, H.; TACIZAWA, T.; AKABANE, G. K. Automaker in Brazil: integration of small business operations as suppliers. *International Journal of Logistics Economics and Globalization*, v. 8, n. 1, 2019.

PRESTEX. *Drones*: o próximo passo da logística. 18 dez. 2017. Disponível em: www.prestex. com.br/blog/drones-o-proximo-passo-da-logistica/. Acesso em: 28 ago. 2019.

REVERSE LOGISTICS EXECUTIVE COUNCIL (RLEC). 2007. Disponível em: www.rlec. org. Acesso em: abr. 2014.

RICHEY JR. *et al*. Exploring a governance theory of supply chain management: barriers and facilitators to integration. *Journal of Business Logistics*, v. 31, n. 1, 237-256, 2010.

ROGERS, D. S.; TIBBEN-LEMBKE, R. S. *Going backwards*: reverse logistics trends and practices. University of Nevada, Reno: Center for Logistics Management, 1999. Disponível em: www.unr.edu/business/venture/2017/logistics. Acesso em: 17 ago. 2019.

ROSS, D. F. *Competing through supply chain management*. New York: Chapman & Hall, 1998.

SALOMÃO, Samuel. Primeiro esquema comercial de entregas por drones nos EUA já está em funcionamento. *DroneShow*, 3 abr. 2019. Disponível em: https://droneshowla.com/primeiro-esquema-comercial-de-entregas-por-drones-nos-eua-ja-esta-em-funcionamento/. Acesso em: 28 ago. 2019.

SHAPIRO, R. D.; HESKETT, J. L. *Business logistics*: cases and concepts. St. Paul MN: West Publishing. 1985.

SLACK, N. *Administração de produção*. São Paulo: Atlas, 2006.

U.S. DEPARTMENT OF TRANSPORTATION. Bureau of transportation statistics and federal highway administration. *Freight Analysis Framework*, Version 4.3.1, 2017.

WALLACE, S. R. Packaging for air transportation. *Management Bulletins* – American Marketing Association, n. 77, p. 30-31, 1996.

WOOD, D. F. *et al*. *International logistics*. New York: Chapman & Hall, 1995.

ÍNDICE REMISSIVO

A
ABC, 147, 148
Abordagem logística, 1
Administração
 de eestoques, 43
 dos pedidos, 2
Administrar estoques, 38
Aeroviário, 78
Aerovias, 77
Almoxarifados, 37, 39, 41
Armazenagem, 1, 11, 39, 40, 41, 58, 76, 84, 101, 129, 130, 147
Armazenamento, 57
Armazenar, 56
Armazéns, 3, 110
Atividades logísticas, 11

B
Barreiras
 comportamentais, 105
 de implementação, 103
 de incentivos, 103
 de preço, 104
 de processamento de informações, 104
 operacionais, 104

C
Cadeia de suprimentos, 3, 8, 83, 84, 97, 98, 99, 100, 103, 104, 105, 106, 107, 112, 141, 143, 146, 147
Cadeia logística, 3, 111, 144
Cadeia produtiva, 97
Cadeias de suprimentos, 3
Capital de giro, 38
Centro de Distribuição, 69, 114
Cliente(s), 1, 2, 4, 12, 28, 38, 39, 40, 41, 43, 50, 70, 78, 84, 88, 91, 98, 100, 101, 102, 104, 105, 106, 108, 109, 135, 147, 148
Competitividade, 5
Compra(s), 38, 104, 127, 128, 129, 130, 132, 133, 134, 136, 137
Comprador, 38

Comprar, 108
Consumidor, 28, 34, 101
Consumidores, 33, 76, 103, 110
Controle
  da produção, 7
  de estoque(s), 37, 129
Curva ABC, 58, 60, 62, 64, 65
Custo(s), 10, 21, 23, 29, 39, 40, 41, 42, 55, 56,
  57, 60, 65, 67, 68, 77, 79, 83, 85, 88, 97, 99,
  101, 104, 105, 113, 131, 132, 135, 141, 142,
  144, 145, 146, 147, 148
  ABC, 146
  de armazenagem, 56, 57, 58, 59
  de armazenagem e manuseio, 105
  de edificações, 58
  de equipamentos e manutenção, 58
  de estoque(s), 56, 67, 104
  de manutenção de estoque, 57
  de materiais, 58
  de pedido, 56
  de pessoal envolvido, 58
  de produção, 145
  do estoque, 57
  logísticos, 141
  padrão, 110, 141, 143, 145, 146
  por falta de estoque, 57
  total, 128
Customer Relationship Management, 106

D
Demandas, 68
Distribuição, 2, 7, 8, 12, 68, 78, 83, 88, 91, 92,
  93, 100, 101, 130
Distribuidores, 33, 103
DM, 110, 114
Drones, 80
  no Brasil, 82
  uso comercial, 81
Duto(s), 77
Dutoviário, 78

E
ECR, 110, 112
EDI, 8, 84, 106, 110, 113
Efeito chicote, 105
Efficient Consumer Response, 109
Embalagem(ns), 10, 11, 21, 23, 26, 27, 28, 29,
  39, 76, 78, 133, 137

ERP, 8, 106, 107, 111
Estocagem, 40, 41, 68, 69, 70, 79, 92, 97
Estoque(s), 10, 38, 42, 54, 56, 57, 58, 60, 68, 69,
  76, 78, 84, 98, 104, 105, 111, 112, 131, 132,
  133, 135, 137
  de segurança, 49, 50, 52, 54, 55
  em processo, 21
  reserva, 49
Estratégico, 4

F
Fábrica, 11, 42, 53
Fabricantes, 4, 33, 103, 104
Ferroviário, 78
Ferrovias, 77
Flexibilidade, 102
Fornecedor, 49, 53, 104, 128, 129, 130, 137, 138
Fornecedor/cliente, 102
Fornecedores, 2, 4, 38, 97, 98, 100, 102, 103,
  104, 106, 108, 110, 128, 129, 132, 134, 137,
  138, 148

G
Gestão
  de estoques, 66, 68
  de materiais, 37
  logística, 3
  moderna de materiais, 39
Gestor, 38
Globalização, 2, 3
Globalizada(o), 1, 3

H
Hidroviário, 78
Hidrovias, 77

I
Informação, 103, 104, 105
Informações, 21, 91, 102, 103, 107, 111,
  112, 130

J
Just-in-time, 8, 41, 83, 98, 106

L
Logística, 1, 2, 4, 6, 7, 10, 12, 24, 26, 27, 37, 39,
  76, 84, 92, 102, 127, 128, 129, 133

empresarial, 1, 2, 101, 141
 integrada, 3
 reversa, 21, 23, 24, 25, 28, 29, 32, 33, 34
Logísticas, 7, 29, 34, 41, 105, 146, 148
Logístico(s), 68, 76, 84, 99, 100, 129, 130, 131,
  136, 142, 144
Lote
 de compra, 53, 55
 econômico, 40

M

Manufatura, 69, 76, 99, 101, 147
Manuseio, 78
 de materiais, 10, 11, 39
 de mercadorias, 41
Manutenção, 2, 111
 de estoques, 39
Marketing, 7, 25, 100, 105, 106, 107, 109
Materiais, 26, 34, 70, 76, 83, 100, 101, 103, 130,
  131, 132, 133, 134, 135, 142
 auxiliares, 39, 136
 em processo, 39
Material, 27, 29, 41, 68, 137
 auxiliar, 135, 137
 de manutenção, 137
Matéria-prima, 1, 23, 30, 37, 38, 42, 101, 135,
  137
Matérias-primas, 21, 26, 39, 58, 68, 75, 82, 101
Mercado(s), 38, 50, 69, 75, 97, 128, 130, 132,
  136, 138
Método
 com grau de atendimento definido, 50
 da média aritmética, 43
 da média com ponderação exponencial, 43
 da média com suavização exponencial, 46
 da média de suavização exponencial, 47
 da média dos mínimos quadrados, 47
 da média ponderada, 43, 45
 dos mínimos quadrados, 43
Modais, 75, 77, 82, 85
Modal, 78, 83
 de transporte, 89
Movimentação, 1, 2, 21, 53, 70, 76, 92, 129, 130
 de material, 70
Movimentar, 75, 78
MRP, 8
Multimodal, 83

N

Negócio, 12
Níveis de estoques, 37, 53
Nível de serviço, 38, 141

O

Operação, 131
Operacional, 4
Operações, 38
Operador(es) logísticos, 84, 106
Organização, 50, 58, 100, 107, 138, 144
Organizacional, 100, 106, 132, 134
Organizações, 23, 28
Outsourcing, 100

P

PCP, 135
Pedido(s), 76, 92, 104, 107, 129, 130, 135, 137
 de compra(s), 53, 55, 137
Planejamento, 4, 7, 8, 10, 11, 21, 57, 88, 91, 92,
  129, 132, 135
 logístico, 84
Planejar, 26
Políticas de estoques, 39
Ponto de pedido, 53, 54
Processamento de pedidos, 10, 39
Processo(s), 7, 109, 128, 136, 147
 de aquisição, 132
 de compra(s), 129, 130
 de fabricação, 37
 logístico, 5, 24
 produtivo, 102, 127
Produção, 3, 23, 53, 56, 57, 60, 68, 76, 77, 84,
  102, 105, 133, 136, 144
Produtividade, 112
Produtivo, 34, 135
Produto(s), 23, 26, 27, 29, 30, 34, 49, 52, 57, 68,
  75, 76, 77, 78, 85, 89, 92, 97, 106, 109, 111,
  131, 137, 138, 142, 148
 acabado(s), 21, 39, 101
Programação da produção, 61

Q

Qualidade, 43, 102, 131, 132

R

Resíduos sólidos, 32, 33
Resposta eficiente ao consumidor, 109

Rodoviário, 78
Rodovias, 77
Rotatividade, 65
Roteirização, 29, 89, 91, 92

S
Segmentos de clientes, 4
Serviços, 97, 148
Sistema(s)
  de gerenciamento de banco de dados, 114
  de informação, 10, 12, 70, 101
  de informações, 98, 106
  logístico, 11, 127
Supply Chain Management, 8, 97, 99, 100, 101
Suprimento(s), 10, 11, 38, 41, 56, 76, 105, 127, 129, 131, 132, 133, 135, 136

T
Tecnologia da informação, 8, 107, 109
Tempo de reposição, 54
Terceirização, 8
Transportador, 78
Transportadoras, 77
Transporte(s), 3, 8, 27, 29, 39, 40, 71, 75, 76, 78, 79, 82, 83, 84, 97, 101, 104, 105, 132, 135, 137, 142

V
Vantagem(ns) competitiva(s), 4, 12, 24, 34, 84
Venda(s), 43, 44, 60, 65, 106, 107, 133, 135, 142

Impressão e Acabamento
Bartira
Gráfica
(011) 4393-2911